中等职业教育经济管理类改革创新教材·物流专业

物流客户服务

（第二版）

主　编　庄　敏　孙　亮

副主编　曹　云　于鸿彬

科学出版社

北　京

内 容 简 介

本书本着《教育部关于进一步深化中等职业教育教学改革的若干意见》（教职成〔2008〕8 号）"以服务为宗旨、以就业为导向……全面培养学生的综合素质和职业能力，提高其就业创业能力"的精神，从当今职业岗位需要和学生实际情况出发，全面介绍了现代物流客户服务的基础知识和基本技能。

本书共 8 个单元，主要内容包括物流客户服务概述、物流客户信息管理、物流客户服务内容、物流客户关系管理、物流客户服务质量、物流客户满意度评价、物流客户投诉处理、电子商务与物流客户服务。本书内容充实、新颖，理论联系实际，案例生动活泼，特色鲜明，富有创新精神，特别适合中等职业学校使用。

本书可作为中等职业学校物流服务与管理、电子商务、连锁经营管理等专业的教材，也可作为物流专业人员的岗位培训教材，还可作为物流从业人员的参考书。

图书在版编目（CIP）数据

物流客户服务/庄敏，孙亮主编. —2 版. —北京：科学出版社，2021.7
（中等职业教育经济管理类改革创新教材·物流专业）
ISBN 978-7-03-067795-2

I. ①物… Ⅱ. ①庄… ②孙… Ⅲ. ①物流企业-客户-销售服务-中等专业学校-教材 Ⅳ. ①F253

中国版本图书馆 CIP 数据核字（2020）第 270346 号

责任编辑：王鹤楠 王 琳／责任校对：赵丽杰
责任印制：吕春珉／封面设计：东方人华平面设计部

科学出版社 出版
北京东黄城根北街 16 号
邮政编码：100717
http://www.sciencep.com

北京市京宇印刷厂 印刷
科学出版社发行 各地新华书店经销
*
2011 年 7 月第 一 版 开本：787×1092 1/16
2021 年 7 月第 二 版 印张：11 1/4
2021 年 7 月第八次印刷 字数：266 000

定价：35.00 元
（如有印装质量问题，我社负责调换〈北京京宇〉）
销售部电话 010-62136230 编辑部电话 010-62135397-2030

第二版前言

本书是在第一版的基础上，按照教育部颁布的《中等职业学校物流服务与管理专业教学标准》（试行）及相关教学要求修订的。随着社会发展和职业教育教学改革的深入，人们对物流客户服务的认识和社会需求发生了许多变化，为了适应这一新的形势，编者对该书进行了修订。

物流客户服务是一门应用性较强的学科，对于培养物流专业人才来说，它是不可缺少的重要课程。如果不具备物流客户服务的基本知识与基本技能，不善于开展物流客户服务活动，那么这样的物流人才在现代社会是不合格的。本书正是为了更好地培养现代社会所需要的物流人才而编写的。

本书从现代社会职业岗位的需要和学生的实际出发，以培养职业能力为核心，主要围绕专业技能的形成，介绍了基本的物流客户服务知识与技能。为了使基础理论学习和专业技能训练更好地结合，增强职业技能训练的针对性和趣味性，本书增加了大量的经典案例、课堂实训、课外实践、知识链接等，充分体现《教育部关于制定中等职业学校教学计划的原则意见》中"以服务为宗旨，以就业为导向，以能力为本位，以学生为主体"的职业教育教学理念。书中对于物流客户服务的知识与技能基本上采用了通行的观点，不做学术上的探究，力求做到简明、通俗和实用，既便于课堂教学，又便于学生自学及广大初学者阅读。

本书保留了第一版的特色和体例，主要根据物流客户服务的时代变化，更新了部分案例，力争与时俱进。

庄敏、孙亮参加了本次修订工作，本书在修订过程中参考、引用了一些有关物流客户服务领域的文献，在此特向文献的编著者表示感谢。

由于编者水平有限，书中不足之处在所难免，敬请广大读者批评指正。

编　者

2020 年 5 月

第一版前言

现代物流是指原材料、产成品从起点至终点及相关信息有效流动的全过程。它是将运输、仓储、装卸搬运、流通加工、包装、配送、信息等方面有机结合，形成完整的供应链，为用户提供多功能、一体化的综合性服务。现代物流作为第三利润源，在全球范围内得到了高度的重视和发展，现代物流专业人才需求飙升。据有关部门统计，目前全国现代物流专业人才缺口近百万人，现代物流人才已成为我国最紧缺的人才之一。

物流客户服务是一门应用性强的学科，对于培养物流专业人才来说，它又是不可缺少的重要课程，如果不具备物流客户服务的基本知识与基本技能，不善于开展物流客户服务活动，那么这样的物流人才在现代社会是不合格的。本书正是为了更好地培养现代社会所需要的现代物流人才而编写的。

本书从现代社会职业岗位的需要和学生的实际出发，以培养职业能力为核心，主要围绕专业技能的形成，介绍了基本的物流客户服务知识与技能。为了使基础理论学习和专业技能训练更好地结合，增强职业技能训练的针对性和趣味性，本书增加了大量的物流实例、课堂实训、课外实践、阅读材料等，充分体现了"以全面素质为基础，以就业为导向，以能力为本位，以学生为主体"的职业教育教学理念。书中对于物流客户服务的知识与技能基本上采用了通行的观点，不做学术上的探究，力求做到简明、通俗和实用，既便于课堂教学，又便于学生自学，还便于广大初学者阅读。

本书的编写人员既是专业教学骨干，又是企事业单位的兼职培训教师。庄敏拟定大纲并负责全书统稿，单元1、8由庄敏编写；单元2、3由孙亮编写；单元4由于鸿彬、贾铁刚编写；单元5由周桂珍编写；单元6由杨惠琼编写；单元7由王新芹编写。本书编写得到了同行们的大力支持，并参考和引用了许多有关资料和著作，在此向相关作者表示衷心的感谢。

由于编者水平有限，书中不足之处在所难免，敬请广大读者批评指正。

编　者
2011年5月

目　　录

单元 ① 物流客户服务概述

- **知识目标**

  1. 了解客户的定义、分类及客户分类的意义。
  2. 了解服务的定义和特征。
  3. 了解客户服务的定义、元素、目的、原则、方式和内涵。
  4. 掌握物流客户服务的定义、要素、特点和内容。

- **能力目标**

  1. 能够根据不同的分类方式，准确地对客户进行分类。
  2. 能够熟练地处理订单。

- **情感目标**

  1. 树立正确的客户服务观念。
  2. 培养良好的客户服务情感。

用心服务，感动客户

"送货时间怎么要 7 天那么长？"一位客户气呼呼地问。

"先生，是这样的……"

我刚要解释就被客户打断了。"你们凭什么送货要那么长的时间，不就是走铁路吗？现在火车都提速 3 倍了，你们怎么还那么慢！你知道这得耽误我多大事吗？！"

还未等我说完，客户就冲我嚷道。

"先生，您先别着急，我非常理解您现在的心情，您知道吗？其实我们比您更希望早点送到，因为现在全国支持四川地震援助，所有的货物配送为赈灾让路，所以请您能够谅解，也谢谢您的爱心。"虽然客户冲着我嚷，震得耳朵嗡嗡作响，但我还是真诚地向客户解释。

客户沉默了大概有 30 秒的时间，给我来了个 180 度的大转弯，"小姐，对不起……刚才，刚才是我太激动了，谢谢你，其实……我……就是北川的，这次地震……导致我的右腿残疾，昨天刚刚转移到广西这边治疗，但我的家人都还在北川，每天跟他们联系话费比较贵，虽然……现在我一无所有，但我依然想为日夜惦记我们的政府节省一些开支，我看电视广告你们的海尔全明星可以对讲，而且没有漫游和长途费，所以想订购一台。"客户哽咽着说，声音低得几乎让我听不见。

不知道为什么，我全身的血液都涌动起来……

"这次地震，我的爱人和女儿永远离开了我，家里就剩下我年迈的母亲，本来，我打算选择放弃了，但当我看到她焦急、关切的眼神。我选择了坚持！"

这时我不禁想起罗兰的一句话："没有爱的工作就是劳役。人生的焦距，不是只图物质满足，而是心灵的追求。"

我现在终于体会到我的客户服务的价值了。

（资料来源：http://www.ctiforum.com/forum/2008/09/forum08_0984.htm. 有改动）

案例解析　"没有爱的工作就是劳役。人生的焦距，不是只图物质满足，而是心灵的追求。"案例中的"我"真诚地向客户解释，用心服务，感动了客户。

案例思考　案例中"我"是干什么的？"客户"是谁？"服务"是什么？"客户服务"又是什么？读了这个案例后，你有哪些想法？

1.1　客户服务概述

1.1.1　客户

尊重客户，以人为本。
——IBM

1. 客户的定义

客户是对企业产品和服务有特定需求的群体，它是企业经营活动得以维持的根本保证。客户是企业的动力，是企业利润的来源。

2. 客户的分类

客户的分类方式有许多种，常见的分类方式如表 1-1 所示。

表 1-1　常见的客户分类方式

分类方法		含义
按时间分类	过去型客户	过去曾经购买过产品和服务的人
	现在型客户	正在和某企业进行交易的人
	未来型客户	将来有可能会购买企业产品和服务的人
按所处地理位置分类	内部客户	企业内部的从业人员、主管甚至股东都包含在内。可细分为水平支援型、上下源流型和小组合作型三种
	外部客户	是一般所习惯称呼的"顾客"，基本上可以分为显性型客户和隐性型客户两类。显性型客户具备以下条件：具有足够的消费能力；对某种商品具有购买的需求；了解商品购买渠道；可以带来现实的收入。隐性型客户具有以下特征：目前预算不足，暂时不具备消费能力；可能拥有消费能力，但暂时没有购买需求；有消费能力和需求，但缺乏商品信息渠道
从市场营销角度进行分类	经济型客户	追求实惠，他们只关心商品或服务价格
	道德型客户	光顾社会责任感强的企业，忠诚度高
	个性化客户	要求个性化的服务
	方便型客户	客户选择的重要标准是"方便"
从物流客户角度进行分类	常规客户	这类客户主要希望从企业那里获得直接好处，获得满意的客户价值。他们是上面所介绍的经济型客户，追求实惠；这类客户占到企业客户数的80%，但给企业带来的利润仅占5%
	合适客户	这类客户希望从企业的关系中增加价值，从而获得附加的收益，是物流企业与客户关系的核心。占企业客户数的15%，并创造15%左右的利润
	关键客户	这类客户除希望从企业那里获得直接利益外，还希望获得其他间接利益，从而实现精神需求。他们是企业稳定的客户，占企业客户数的5%，但企业80%左右的利润来自他们

3．客户分类的意义

1）有效使用现有资源。任何一个企业的资源都是有限的，因此，企业常常用有限的资源重点来满足关键客户和合适客户的需要，以求得客户价值最大化与企业价值最大化的平衡，这是企业营销管理的杠杆。

练一练：按不同的分类方法给自己知道的客户分类。

2）扩展服务范围。从企业营销管理的社会责任角度来看，一个企业的有限资源能不能为客户提供满意的产品或服务，或虽然只能满足一小部分客户的服务要求，但尽量满足和扩大合适客户和关键客户的要求和范围，使企业的一般客户也能得到企业力所能及的更广泛的服务，从而促进客户整体价值的提高，这正是企业营销管理的社会责任所在。

3）提供个性化的服务。通过客户分类，可以根据关键客户和合适客户的需要进行针对性客户化设计、制造和服务，使客户的个性需求得到满足，从而提高客户的价值，这是客户的需要，也是企业客户服务的原动力。

1.1.2 服务

一切为了客户，为了客户一切，为了一切客户。

1．服务的定义

服务是指为他人做事，并使他人从中受益的一种有偿或无偿的活动。服务不以实物形式而以提供劳动的形式来满足他人的某种特殊需要。现代社会中，服务已成为整个社会人际关系的基础。经济学上的服务与我们通常所说的有"侍奉"含义的服务是有区别的。经济学上的服务着重于一种可获得价值的交换活动，即为满足机构或个人的需要而以一种行为或连同物质产品进行的等价交换。

著名营销学专家克里斯蒂·格鲁诺斯的定义：服务是以无形的方式，在客户与服务职员、有形资源产品或服务系统之间发生的，可以解决客户问题的一种或一系列行为。

从上述定义可以看出，服务由两大类要素构成，即服务产品和服务功效。

服务产品：它满足客户的主要需求，如物流企业提供的仓储、运输、配送等服务。

服务功效：它满足客户的非主要需求，如物流企业服务人员的良好的服务态度和敬业精神等。

2．服务的特征

与有形产品相比，服务具有以下特征。

（1）不可感知（无形）性

这是服务最为显著的一个特征。与有形产品不同，服务在很大程度上是无形的和抽象的。

（2）不可分离性

不可分离性是指服务的生产过程与消费过程同时进行，客户只有而且必须加入到服务的生产过程才能最终消费到服务。

（3）品质差异性

品质差异性是指服务不像有形产品一样有固定的质量标准，具有较大的品质差异性。

（4）不可储存性

由于服务的无形性和不可分离性，服务不可能像有形产品一样储存起来，以备未来销售。

（5）所有权的不可转让性

由于服务是无形的、不可储存的，服务在交易完成后便消失了，客户并没有实质性地拥有服务产品，所以服务消费过程中不涉及任何东西的所有权的转移。

1.1.3　客户服务

> **想一想：**我们现在所学习的"服务"与我们通常所说的"服务"有什么区别？

1. 客户服务的定义

客户服务是指企业为促进其产品销售或服务的利用，发生在客户与企业之间的相互活动。

广义而言，企业为满足客户需求所付出的所有努力皆可称为客户服务。

狭义而言，客户服务是企业所提供给客户的有形产品（或无形产品）价格、促销活动及物流服务。

客户服务不仅仅包括了客户和企业的客户服务部门，实际上也包括了整个企业，即将企业整体作为一个受客户需求驱动的对象。

客户服务不会与日常组织管理工作相分离，而是与之紧密相连。客户服务是推销员脸上的微笑，是他握手时显示的风度；是温和友好地问候你的接待员，是迅速有效地接通你的电话的接线员；等等。客户服务的表现形式有很多，究其实质，客户服务是一个过程，它具有经营管理的功能，属于一种经常性与计划性的工作，它以费用低廉的方式给供应方提供了重大的增值利益。

2. 客户服务的元素

客户服务的元素如图 1-1 所示。

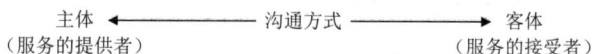

主体 ◄————————— 沟通方式 —————————► 客体
（服务的提供者）　　　　　　　　　　　　　　　　　　（服务的接受者）

图 1-1　客户服务的元素

3. 客户服务的目的

客户服务的目的是争取社会公众的理解和支持，为企业的生成、发展创造必要的内部与外部环境。

4. 客户服务的原则

客户服务的基本原则是"平等互利，共同发展"。强调企业利益与社会公众利益的平衡协调，信守"与客户一起发展"的原则。

5. 客户服务的方式

客户服务的方式是"内外结合，双向沟通"，即吸取社会公众的意见，以不断完善自身；有效地与外界沟通，使客户认识、了解自己，最后获得客户的信任和喜爱。

6. 客户服务的内涵

1）视客户为亲人，这是客户服务情感上的要求。
2）客户永远是对的，这是客户服务理智上的要求，客户的需求永远都是第一位的。
3）客户是企业的主宰，这是客户服务推动式需求，企业必须以客户为中心。

> **做一做**：在小组内每人试讲一个"客户永远是对的"小故事。

知识链接

据国际权威机构调查：

如果客户服务不好，会造成 94% 的客户离去。

因为没有解决客户的问题，会造成 89% 的客户离去。

每个不满意的客户，平均会向 9 个亲友叙述不愉快的经历。

在不满意的客户中，有 67% 的客户要投诉。

通过较好地解决客户投诉，可挽回 75% 的客户。

及时、高效且表示出特别重视客户，尽最大努力去解决了客户的投诉的，将有 95% 的客户还会继续接受你的服务。

吸引一个新客户是维护一个老客户所要花费成本的 6 倍。

咨询任何一个企业家或专业人员，问他企业成功的原因，几乎都会得到这样的回答："因为我提供非常好的客户服务。"

事实正是如此。

1.2 物流客户服务

1.2.1 物流客户服务的含义

物流客户服务是指物流企业为促进其产品或服务的销售，发生在客户与物流企业之间的相互活动，即指物流企业为其他需要物流的机构与个人提供的一切物流活动。因此，物流客户服务是以客户的委托为基础，进行的独立的物流业务活动。换句话说，物流客户服务是按照客户的要求，为克服货物在空间和时间上的间隔而进行的劳动。

物流客户服务的宗旨是在服务数量与品质上都要达到客户满意。具体体现于，数量上满足货主适量性、多批次、广泛性（场所分散）的需求，品质上满足货主安全、准确、迅速、经济等要求。

1.2.2 物流客户服务的要素

从物流服务的过程来看，物流客户服务可分为交易前、交易中、交易后三个阶段，每个阶段都包括了不同的服务要素。

交易前要素：在将产品从供应方向客户实际运送过程前的各种服务要素，如客户服务条款、客户服务组织结构、咨询服务等。

交易中要素：是指在将产品从供应方向客户实际运送过程中的各种服务要素，主要包括缺货频率、订货信息、订/发货周期的稳定性、特殊货物的运送及订货便利性等。

交易后要素：是产品销售和运送后的各项服务要素，包括安装、保修、更换、提供零配件、产品跟踪及处理客户投诉等。

小故事

6·18 苏宁物流：让快递更有速度，让服务更有温度

"6·18"年中大促，是对电商平台物流速度和服务质量的一次考验。6月18日晚，苏宁易购发布"6·18"全程战报：从6月1日到18日晚6点，全渠道订单量同比增长133%。根据苏宁发布的"6·18"实时战报来看，18日第一小时内，订单量同比大涨215%；18日中午12点，苏宁全渠道订单量同比增长171%。6月18日当天，苏宁空调全渠道销售额8秒破亿元，冰箱、洗衣机18日第1小时内销售同比增长189.7%；厨房卫浴电器1小时销量同比增长183%；彩电1小时销量同比增长176%。此时，"6·18"大促全面"爆发"，物流时效比拼白热化。为了迎接这次"大考"，苏宁物流早已做好准备。6月11日，苏宁物流执行总裁姚凯宣布，这个"6·18"，苏宁物流不降速；并称，这个"6·18"，就是要通过时效提升，树立新的服务标杆，

让有温度的交付，覆盖更多消费者。

让快递更有速度

苏宁物流何以不降速？6月11日，姚凯表示，苏宁物流不降速主要是基于两点：一是在仓运配全链路上应用了更多的技术，比如天眼平台，以智能数据模型替代人工经验，大大提升各环节作业效率。苏宁物流为了能够进一步缩短配送时间，提出了智慧物流的全套解决方案，让仓运配的全流程无人化。消费者从平台上下单后，货物从仓库分拣、出库、配送都由机器人来完成，大大提升了配送时效。二是新增南昌、南宁、青岛、长沙、石家庄五个小件物流中心，完成小件24仓、大件67仓的新布局，大大提升了服务覆盖率。据悉，新增总仓储面积超过20万平方米，最大的为长沙物流中心，接近6万平方米。其涵盖的商品品类众多，日用百货、生活电器等产品应有尽有。

让服务更有温度

苏宁物流一直秉承着有速度、有温度、有风度的三度原则，坚持为用户提供优质服务。"6·18"年中大促期间，苏宁平台订单量激增，但苏宁物流服务质量并未受影响。苏宁物流基地辐射范围持续扩大，服务渠道不断下沉，深入到县级地区，为用户提供家电安装、维修、清洗等多种帮助，真正把好产品、好服务、好价格普惠给更多的人。

苏宁帮客县级服务中心从2018年底正式开始筹建，不到半年时间就落地1000家县级服务中心，覆盖全国534个县镇区域。现如今，苏宁帮客筹建速度还在不断加快，围绕县镇市场建立揽、仓、配、装、销、修、换等数十位一体的综合服务体，致力于将更优质的服务普惠给县镇级消费者。

"6·18"年中大促期间，苏宁物流坚持让物流不降速，这背后体现的是苏宁物流强大的竞争实力。从数字园区到智慧大脑，从外骨骼机器人到机器人仓，从无人机到无人车，苏宁物流多种黑科技、产品齐上阵，在最短的时间内把包裹送到用户手上。同时，将更优质的服务提供给更多的消费者，让消费者感受到苏宁物流的温度，这不仅仅是为了给用户提供更良好的体验，更重要的是平台坚守对客户的标准化承诺。

（资料来源：https://www.sohu.com/a/321781908_118778. 有改动）

1.2.3 物流客户服务的特点

物流客户服务就其本质和内容看，与其他行业客户服务相比有许多不同之处：物流客户服务是为了满足客户需求所进行的一项特殊工作，并且是典型的客户服务活动，包括订单处理、技术培训、处理客户投诉、服务咨询等；物流客户服务还有一整套业绩评价体系，包括备货保障、输送保障、服务的灵活性等。正是这样，物流客户服务才能给物流企业的经营带来重大影响。具体地说，物流客户服务有以下五个方面的特点。

1. 从属性

客户企业的物流需求不是由自己凭空创造出来的，而是以商流的发生为基础，伴随着商流的发生而产生的。针对客户的需求而提供的供给物流服务，具有明显的从属于客户企业物流系统的特征。其主要表现为：处于需方的客户企业，对于流通的货物种类、流通的时间、采取的流通方式等都由自己选择和决定，甚至于是自行提货还是靠物流配送也由自己选定；而处于供方的物流企业，则是按客户企业的需求，被动地提供服务。这在客观上决定了物流企业提供的物流服务具有从属性，受客户企业的制约。

2. 即时性

物流企业生产的是一种无形产品——物流服务，这种产品是一种伴随销售和消费同时发生的即时服务，它具有即时性和非储存性的特征。通常情况下，有形的产品需要经过生产、储存、销售才能完成交换过程，而物流业务本身决定了它的生产就是销售，而不需要储存环节进行调整。

即时性使物流客户服务与直接生产过程有很大区别。例如，物流企业要完成非物质形态劳动的物流服务，虽说同样具备必要的设施和劳动力等生产要素，或者提供必要的生产能力，这些生产能力当中，有一部分生产能力是适合需求的，为有效地完成生产、销售、消费过程服务，为此所支付的费用是必要的；而有一部分生产能力是不适合需方的要求的，表现为无效劳动，则不应支付费用。

3. 移动性与分散性

物流客户服务是以分布广泛、大多数是不固定的客户为对象，所以，具有移动性以及面广、分散的特征。由此往往产生局部的供需不平衡，给物流企业经营管理带来一定的难度。

4. 需求的波动性

物流企业在经营上常常出现劳动效率低、费用高的情况，这是由于物流客户服务的对象多且难以固定，客户需求方式和数量往往又是多变的，有较强的波动性，易产生供需不平衡等因素所造成的。

从满足客户需求度来看，如果降低供给水平，则表现出服务不足；反之，提高供给水平，则会带来费用上升的不良后果，如何使物流服务不断适应需求者的多样性，减少需求的波动性，已成为现代物流企业经营上的重要课题。

5. 可替代性

我国大多数实体企业都具有自营运输、自家保管等自营物流的能力，也具有物流服务能力，这种自营物流的普遍性，使得物流企业试图从量和质上调整物流服务的供给能力变得相当困难。也就是说，物流客户服务，从供给力方面来看，具有替代性，这也说明物流企业目前在经营上具有一定难度。

1.3 物流客户服务的内容

想一想：什么是物流？

1.3.1 物流客户服务的基本内容

物流客户服务的目标是满足客户需求，保障供给。因此，物流客户服务的基本内容包括运输与配送、仓储、装卸搬运、包装、流通加工等以及与其相关联的物流信息。

1. 运输与配送

运输是指商品或生产资料在空间的实体转移过程，它克服了生产者（供给者）与消费者（或需求者）之间的空间距离，创造商品的空间效用。运输是物流企业的核心环节，无论是企业的输入物流还是输出物流，都依靠运输来实现商品的空间转移。可以这样说，没有运输，就没有物流，也就没有物流服务。而一个国家或地区要提升物流业在当地经济领域中的地位，降低物流成本在 GDP 中所占的比重，一个四通八达、畅通无阻的运输线路网是基础。

商品和生产资料由其生产地通过地区流通仓库或配送中心发给用户的过程中，由生产地至配送中心之间的商品空间转移，称为"运输"；而从分配中心到用户之间的商品空间转移，则称为"配送"。

2. 仓储

现实生活中，生产厂家生产商品的时间与消费者的消费时间之间总有一段间隔，特别是季节性生产与消费的商品，尤为显著。另外，现代企业为了保证再生产过程的顺利进行，也需要在供、产、销的各个环节中保持一定的储备，仓储就是将商品的使用价值和价值保存起来，克服由于商品生产与消费在时间上的差异而造成的商品减值，创造商品的时间效用。仓储是物流服务的一项重要内容，为储存商品，需要建立相应的仓库设施。在仓库中，用作商品的聚集和分散基地并进行短期仓储的流通仓库就是人们熟悉的配送中心。

3. 装卸搬运

装卸搬运是在物流作业过程中伴随运输和保管而附带产生的物流服务活动，如装车（船）、卸车（船）、入库堆码、出库及连接以上各项活动的短距离搬运。在企业生产过程中，材料、零部件、产成品等在各仓库、车间、工序之间的传递转移也包括在物料搬运的范畴内。现代企业为了提高装卸搬运的作业效率，减轻体力劳动强度，常配备一定的装卸搬运设备。

4. 包装

商品包装是为了销售和运输保管，并保护商品在流通过程中不受毁损、保持完好。为便于运输和保管将商品分装为一定的包装单位及为保护商品免受损毁而进行的包装，这都是物流服务的内容。

5. 流通加工

流通加工是指商品在流通过程中为适应用户的需要进行的必要的加工，如切割、平整、套裁、配套等。

6. 物流信息

在物流客户服务过程中，伴随着物流服务的进行，会产生大量的反映物流服务过程的关于输入、输出物流的流向、流量、库存储存量，物流费用，市场动态等大量数据，并不断传输与反馈，形成信息流。信息流是现代物流企业实现优质服务的基础，利用电子计算机技术对物流服务的数据进行收集、传输、储存、处理和分析，为企业提供迅速、正确和完整的物流服务信息，有利于企业及时了解和掌握物流服务进程，正确决策，协调各业务环节，有效地计划和组织商品的实物流通。

上述六项内容中，运输与配送、仓储是物流服务的中心内容，而运输与配送是物流体系中所有动态内容的核心，仓储则是唯一的静态内容。物流客户服务的装卸搬运、包装、流通加工与物流信息则是物流一般内容。它们有机地结合并构成了一个完整的物流服务体系。

> **练一练：** 设计一张完整的物流客户服务体系框架图。

经典案例

利润来自最后的路程

爱森达（Ensenda）是一家为零售商和其他批发商提供"最后路程"物流和商业运输的另类 3PL（第三方物流）。这家公司为一些零售巨头，如家居货栈（Home Depot）、办公用品连锁公司（Office Max）和百思买（Best Buy）等公司，提供在美国和加拿大 120 个市场上的家用和商务运输。

区域运输公司联网已经不是一个新想法了，但根据爱森达的业务副总裁罗恩·霍华德所说，一致的服务质量和信息的可靠性总是限制这种努力的成功，而爱森达的技术却允许公司做这样的突破。

这个 3PL 供应商使用了一个基于网络的配送系统，将前端顾客订购与地方运输公司连接起来。系统从呼叫中心、个人商店或者零售商的订货系统自动接受订单，顾客在网上购买产品时就可以输入运输要求。

"我们的系统在网络中对最合适的运输公司进行自动路线规划，"霍华德说，"我们给他们提供技术，以便于他们帮助我们知道实时的运输状态。"

为了成为这个地方网络的一部分，运输公司必须有一个可接受的、能与爱森达结合起来的技术系统，用来收集运送时间、交货时间、签字人等信息，并且报告随时出现的问题。多数承运人用手动设备在他们的卡车里收集和更新这些信息，爱森达系统收集这些数据，并监测承运人的表现。

爱森达还有一个和其他运输网络不同的地方，那就是所有的运输公司都是独立的经营人。"我们能找到和保留最佳的经营人，因为如果他们完成业务的话，我们可以向他们提供很多好处，"霍华德说，"我们是他们的新业务通道，他们不必自己寻找新业务。"因为爱森达运作的大多数零售商都是全国连锁，地方运输公司很少会有独自赢取业务的机会。

所有派送都是由电子商务系统处理的，所以运输公司没有什么额外增加的行政管理工作。支票被自动划账，运输公司甚至不必开发票。"这可以激励他们做好工作和保持成为我们这个网络的一部分。"

爱森达通常在每个市场上都有许多运输经营人，这样就可以在运输公司间创造竞争，而且可以提供给顾客不同类型的承运人。一些承运人擅长处理大型器具或设备，而其他的可能专做通信类运输，在市区，通常有专门研究市区运输的承运人。

享受爱森达3PL服务的顾客都是喜欢扩展型的。像家居货栈这样的零售商需要从商店到家庭的运输，消费者可以去商店，但会要求大型家电运送到家。百思买将爱森达作为一个营销工具，以便向它的顾客提供大型家电的当天交付服务。其他零售商，如办公用品连锁公司，用爱森达替代了他们自己成本高昂的运输部门。

"我们的运输经营者可以成为一个公司舰队灵活的后备队，但公司经常更换他们的整个运输部以避免固定的常用开支。"霍华德说。

宜家采取了"最后路程"的理念。这个家具零售商在佐治亚州没有商店，但它在新泽西州的配送中心采用爱森达系统，服务于通过邮购和电子商务系统购买商品的顾客。宜家用一个长途承运人将大量的订货运到爱森达在亚特兰大的一个承运人那里，承运人再把订货装上他的卡车，送到佐治亚州的客户家里。

"我们的网络允许宜家将它的销售扩大到伸手可及的地方，在有多项选择比如零担运输的同时，又节省了费用。"霍华德说。

爱森达运输的60%是直接对顾客交付运输，公司在顾客和商店或配送中心之间起到更多的存货平衡作用。

"对这种内部运输的需要，零售商比我们更早认识到更深层，"霍华德补充说，这部分业务发展最迅速，"我们是与零售商企业从家庭运输服务开始业务合作的，然后商店发现我们能满足他们另外的需要。"

爱森达根据每个运输业务对零售商进行收费，不增收附加费用、每公里费用、保险费用或其他费用。对于家居货栈这样有1 700家分店的大顾客，爱森达的付款过程极为简单。"他们不想与 1 700 个地区的运输人有数以万计的发票支付,"霍华德说,"他们只需与我们一个个体合作,那么就只有一张发票。"爱森达的 3PL 模式获得了关注,根据每月的收支,它的业务增长了 5 个百分点,达到 15%。

点评　整合区域资源,成为大型零售企业伸向"最后路程"的触角,这是爱森达的利润源泉。

1.3.2　物流客户服务的核心内容

　　订单服务是物流客户服务的核心内容,物流的所有业务都是围绕客户的订单开展的,它是从接到客户的订单开始发货到将货品送达客户手中的一系列物流过程。随着物流管理的信息化,电子资料交换的方式代替了传统的交接单方式,使物流订单的处理更加精确和快速。订单服务包括订单传递服务、订单处理服务、订单分拣与整合服务、退货处理对策等过程。每个程序都有具体的操作原则、标准和规程。具体有接受订货、订单确认、设定订单号码、建立客户档案、存货查询及按订单分配存货、依订单排定出货的拣货顺序、分配后存货不足的处理及订单资料处理输出等步骤。

　　1. 订单传递服务

　　订单传递服务是指自客户发出订单至物流企业收到订单所做的一系列的服务工作。目前,电子信息化的订单传递方式改变了传统的人工传递方式,使订单能及时、稳定地传递到物流企业相关的业务部门,大大提高了订单传递的准确性和时效性。

　　2. 订单处理服务

　　订单处理服务是指从企业接受订单到发运接货至客户收到货物后的全过程的单据处理服务工作,包括下达指标、备货整装、制单发运三个主要阶段的工作内容。订单处理主要有人工处理和计算机处理两种形式,目前主要采用电子资料交换方式进行订单和接单。订单处理是订单服务的核心业务,要做到迅速、准确、合理,尽量缩短订单周转时间,即缩短订货周期,使客户满意。

　　3. 订单分拣与整合服务

　　订单分拣与整合服务是指自仓库接到产品的出库通知至将该货物装车发运过程所提供的一系列服务工作。其中,要认真做好订单的分拣单和包装清单的填制、按单分拣以及核对工作,发现缺漏及时调整,这个环节主要是由电子信息系统来完成的,要注意它的准确性和安全性。

4. 退货处理对策

退货处理对策是指由于误差、损坏、缺漏而造成的退货处理服务工作，要注意保持与客户的友好关系，精心设计退货程序，妥善处理客户退货，对退回的货物做好相应的处理。

知识链接

海尔在全球市场中取胜的竞争模式是"人单合一"。"人"，就是"自主创新的SBU（strategic business unit，战略事业单元）"；"单"，就是"有第一竞争力的市场目标"。"人单合一"模式包括"直销直发"和"正现金流"。

人要与市场合一，成为创造市场的SBU。

直接营销到位、直接发运到位，是实现"人单合一"的基础，只有在直销到位的前提下才能直发到位。

正现金流是企业生存的空气，利润是企业生存的血液，没有正现金流，企业就会窒息。

为什么要实现"人单合一"？这是时代的要求：唯有每个人都对市场负责，实现速度和准确率的统一，企业才能生存。这也是竞争的要求：模仿没有出路，唯有每个人发挥自己的创新潜能，才能超越目标。

"人单合一"的目的是什么？不是在形式上用条形码把人和订单挂钩，而是通过将人与订单挂钩的办法，激发每个人的潜能去挖掘市场的资源。

"人单合一"是全流程的模式。"人单合一"贯穿于企业经营的"创造订单"、"获取订单"和"执行订单"的全流程。

"人单合一"的目标是"创海尔世界名牌"。推进"人单合一"的海尔模式，才能实现与用户零距离、销售零库存、应收账款零逾期，实现价、利、量全面优化的市场目标。

小 结

现代物流行业在我国是一个逐步发展的服务行业，作为"第三利润源"、21世纪黄金产业吸引了众多投资者投入其中。面对激烈的物流市场竞争，如何为物流客户提供满意的服务，使企业立于不败之地，这是每个物流企业首要解决的问题。本单元从客户、服务的基本概念入手，阐述了物流客户服务的概念及内容，使大家对物流客户服务有了概括的认识。

练 习 题

一、名词解释

客户　服务　客户服务　物流客户服务

二、填空

1）服务的特征是_____、_____、_____、_____、_____。

2）客户服务的元素是_____、_____、_____；客户服务的目的是_____；客户服务的原则是_____；客户服务的方式是_____。

3）物流客户服务的要素是_____、_____、_____。

4）物流客户服务的特点是_____、_____、_____、_____、_____。

三、问答

1）简述客户的种类及分类的意义。

2）简述客户服务的内涵。

3）简述物流客户服务的基本内容。

四、课堂实训

目的：掌握处理物流客户的订单的能力。

任务：用角色扮演法模拟物流客户服务人员处理客户订单的工作过程。

五、课外实践

目的：树立正确的客户服务观念，培养良好的客户服务情感，掌握快捷的客户服务技巧。

任务：参观物流企业，观察学习物流客户服务人员的工作过程。

六、综合模拟仿真实践

以小组为单位讨论，制订出策划方案，并完成实践报告。

1．实践目标

灵活运用所学书本知识，解决日常生活工作中所存在的问题，锻炼学生的动脑分析能力、动手操作能力，培养团队合作精神，体现职业教育特征。

2．实践内容

1）帮助学校分发报纸、信函等，比较哪个组服务得最好，并评出最优服务方案。

2）到超市去体验自己作为"客户"的感受，并设想如何进一步改进"客户服务"。

3．岗位角色

将全班学生分组，每组 5 人左右。

4．模拟步骤

1）各小组讨论。

2）各小组制订出策划方案。

3）各小组按方案完成作业。

4）教师进行评价，并和学生共同为各小组打分。

5．注意事项

1）学生分组时要合理搭配。

2）小组成员要相互配合，充分发挥团队精神。

3）学生必须遵守纪律，听从指挥，讲文明，懂礼貌，表现出良好的综合素质。

6．作业展示及点评

填写考核评分表，如表 1-2 所示。

表 1-2　考核评分表

考评人		被考评人	
考评地点		考核时间	
考评内容		校内（校外）实践	
考评标准	具体内容	分值/分	实际得分
	讨论情况	20	
	方案设计情况	30	
	任务完成情况	30	
	实践报告完成情况	20	
	合计	100	

注：考评满分为 100 分，60～74 分为及格，75～84 分为良好，85 分及以上为优秀。

拓展阅读：驰援武汉，10 家
寄递企业开通"绿色通道"！

单元 ② 物流客户信息管理

● **知识目标**

1. 理解物流客户信息的含义。
2. 了解物流客户信息的特点和作用。
3. 掌握物流客户信息收集的原则与要求。

● **能力目标**

1. 能够利用不同的方法，熟练地收集物流客户信息。
2. 能够根据物流客户信息整理的要求整理客户信息，并实现客户信息整理的目标。

● **情感目标**

在良好的物流客户信息管理过程中，理解客户，进而发展与客户间良好的情感。

宝供物流的客户信息管理

"中国物流示范基地"——宝供物流企业集团有限公司，这个中国第一家被授予此称号的第三方物流企业，2001年人均产值近56万元，年运作货物总量超过200万吨，仓库年进出货物超过1亿件；在全国40多个中心城市建立了6个分公司和43个办事机构，建成了覆盖全国并向美国、澳大利亚等地扩展的物流营运网络，为全球500强中近50家大型跨国集团和国内一大批大型制造企业提供物流一体化服务。

1992年，作为铁路职工的刘武，承包了广州一个铁路货物转运站。刘武信奉"天道酬勤"的信条，真正把客户当成上帝，热情接待每一位顾客，认真对待每一笔生意，对客户的每一个细小的要求他都尽力去做。由于他承接的货运业务能做到准时、安全、保证质量，仓库也管理得井井有条，货物堆放整齐、明晰，整个作业区清洁干净，且能24小时服务，他的客户都比较满意，对交给他发运的货物比较放心。因此他获得了一批固定客户，在社会上也有了信誉。

1994年，美国宝洁公司在广东建立了大型生产基地，宝洁的产品开始进入中国市场。美方公司是讲究效率的，对一个刚刚在中国打开市场的跨国公司来说，物流的效能维系着它在中国的成功与否。宝洁先后与广州的两家国有大型储运公司合作，委托这两家公司把产品发往全国各主要城市与销售网点，但"蜜月"仅两个月就宣布结束，由于长期计划经济形成的官僚主义、管理混乱、服务质量差，这两家储运公司根本无法满足宝洁的要求，货物常常误时误点，破损率居高不下，有了质量问题还找不到责任人，于是宝洁公司开始在民营企业中寻找合作伙伴。

当宝洁公司把货运订单交到刘武的小货站时，刘武同员工可真是紧张不安，既高兴又难言轻松。整整一车皮的货发往上海，从来没哪家公司要托运那么多的货，时间、破损率要求都是相当苛刻的。当宝洁的货送到仓库后他们特别小心，用刘武自己的话来说，"好像是在照料一个婴儿，呵护备至"。货物装进集装箱挂上车皮后，刘武即刻乘飞机跟着去了上海，一方面他不放心这第一次大宗承运的货物情况，必须进行现场督战，同时可以考察物流的各个环节，能有最直接的感觉与印象，以保证以后业务的质量、管理和具体操作。为了第一笔对他来说是大生意的活儿顺利完成，做得圆满，哪怕不赚多少钱都可以。到了上海，他亲自看着卸货、堆垛，与收货人一起清点、发运，忙得几天没睡一个好觉。

对于这一次运货，宝洁公司相当满意，准时准点和破损率比合同规定低得多。虽然这趟生意没赚到钱，但却为他的转运站带来了更高的声誉，带来了更多的订单。

不久，刘武正式注册成立了广州宝供储运有限公司，结束了货运站小打小闹个体户经营的局面。

宝洁成为宝供的主要客户，宝洁从此开始给宝供加大业务量，甚至一度把宝洁生产基地所有的铁路货运业务交给宝供储运，同时，不断给宝供提出新的要求，灌输新的物流作业理念，更乐意在合作中帮助宝供提高业务能力，提高管理水平。宝供也在这个过程中改变传统运作方法，千方百计地满足客户的要求，加大公司的管理力度，研究学习宝洁的管理思路，使自己的公司在经营管理、业务发展上都走在同行的前面。刘武自己也说："宝洁公司是推动我向前跨出大步的关键的大客户，也是教会我如何去做物流的大客户。"

此时的宝供，业务量发展很快，在全国已经有将近 30 万平方米的仓库，每天的发运量也非常大。初始的那种业务管理方法已经不管用了，尽管公司也用上了电脑，但仍是传统的记账式管理，信息的瓶颈已经凸显出来。比如客户规定的发运时间、到达目的地的时间、破损率控制情况、送达仓库与否、签收手续是否办好等，无法一一及时反馈到宝供的最高管理层。靠一厚沓报表要了解一天之内十几趟发运的数百个信息实在是非常困难，即使反馈信息做出来了，还有需及时处理的问题，必然力不从心。宝供的业务越做越大，信息反馈却越来越差，长此以往会降低信誉，影响质量，"做熟的鸭子也会飞掉"。

宝洁公司不仅要求提供安全、准确、及时、可靠的储运服务，还非常关注自己的货物在整个物流中各个环节产生的信息，比如货物什么时候发运、哪次列车、预计到货时间、货物运载情况、有无污损、签单入库情况，甚至气候变化的情况，宝洁都非常关心。1996 年，宝洁几次向刘武投诉，批评宝供不能提供及时准确的货运信息。具体指出如到货时间不准、破损率上升问题。刘武一时还丈二和尚摸不着头脑，因为他从业务部了解的情况并不存在这些问题，可一看宝洁发来的详尽的数字收货记录才明白，自己统计上来的信息有水分。这促使他下决心突破信息瓶颈，立即着手建立先进的信息系统，以便能够对各个储运环节进行全方位实时地监控协调管理。

1997 年起，宝供开始着手做这一方面的工作，包括引进 IT 人才，购置相关硬件设施。尽管当时资金非常紧张，但信息化建设已是刻不容缓，就算借贷也要使这个基础建设尽快上马。经过两年多的设计、运行、调试、试行、修正，从原先 DOS 平台上电话连接的内部网络到公司全方位的数据信息库，从报表自动生成到订单成本核算、财务模块自动信息，并根据公司发展的需要，根据客户对信息的要求，不断加以完善、提升，把信息系统的应用从原来信息采集层次推进到企业经营层次。1999 年投入运行的 Internet 的业务成本核算系统，对控制成本、减少支出、改善经营、增加效益非常有效，直观的数据统计为领导层决策提供了充分的依据。

目前，公司总部人手一台电脑，每位经理也都配备了笔记本电脑。经理们开会都用电脑查询数据、记录内容，同行们自叹不如。有了 IT 的帮助，宝供的储运效率得到很快的提升，时间缩短 1/3，准点率达到 95%，公路货运达到 99% 以上。主要的物流操作全部由分公司完成。总公司业务部 12 人只负责监控协调。营运部的经理说："我们没用这个信息系统的时候更像是作坊，现在大家感觉我们是在做现代化工厂了。"

至今，宝供已累计投入数千万元人民币建立了物流信息管理系统，已经实现了全国范围内物流运作信息实时动态的跟踪管理，确保信息处理、传递、反馈的及时性、有效性和正确性。

在 2001 年，借助 VPN（虚拟专用网络）平台和 XML（可扩展标记语言）技术，宝供物流企业集团实现了与飞利浦、宝洁、红牛等客户的电子数据的无线连接，彻底摆脱了落后的手工对账工作模式，而代之以利用数据库、网络传递等计算机辅助手段来实现数据的核对、归类、整理、分析，极大地提高了工作效率，同步提升了客户的物流管理水平。

（资料来源：http://www.doc88.com/p-6651814829643.html. 有改动）

案例解析 宝供物流企业集团有限公司信奉"天道酬勤"的信条，真正把客户当成上帝，热情接待每一位顾客，认真对待每一笔生意，对客户的每一个细小的要求都尽力去做。由于公司承接的货运业务能做到准时、安全，保证质量，仓库也管理得井井有条、货物堆放整齐、明晰，整个作业区清洁干净，且能 24 小时服务，公司的客户都比较满意，对交给公司发运的货物比较放心，因此获得了一批固定客户，在社会上也有了信誉。

更重要的是，公司下决心突破信息瓶颈，立即着手建立先进的信息系统，能够对各个储运环节进行全方位实时实地监控协调管理。至今，宝供已累计投入数千万元人民币建立了物流信息管理系统，实现了全国范围内物流运作信息实时动态的跟踪管理，确保信息处理、传递、反馈的及时性、有效性和正确性。

案例思考 宝供物流企业集团有限公司的成功无疑取决于"真正把客户当成上帝"，为了不断地满足客户的需要，公司还在哪些方面进行了突破？

2.1 物流客户信息概述

2.1.1 物流客户信息的含义与特点

1. 物流客户信息的含义

物流客户信息是伴随物流活动发生的，是与物流订货信息、库存信息、生产指标信息、发货信息、物流和信息流等信息相对应的组织或个人信息的集成。在这个信息整体中，客户的订货信息是最基本的信息，它是物流企业备货（包括生产企业生产制造和流通企业进货）发货的依据；同时也是物流管理部门管理和控制物流活动的基础。

2. 物流客户信息的特点

1）信息涉及面广、数量大。

2）信息量的波动性强。

3）信息的来源、处理场所及面对的对象和分布地区广泛。

4）要求商品流通与运输配送的时间相适应。

5）与商品流通、生产等企业内部其他部门的关系密切。

6）在货主与物流从业者及有关企业之间，物流信息相同，各连接点的信息重复输入情况较多。

7）在相关物流系统的环节中，同时兼办信息的中转和传送，并贯穿于生产经营的全过程。

2.1.2　物流客户信息的质量要求

物流客户信息的质量要求是实现物流作业功能的关键因素，在物流管理中起主导作用。物流客户信息质量要求是准确性与及时性。

第一，物流客户信息数据准确，可以减少企业物流作业及管理中的成本，提高企业的盈利。

第二，物流客户信息数据及时，是企业物流工作程序平衡，从而提供快速物流服务的保证。

练一练：分析下面小案例，说明物流客户信息的及时性对物流服务的影响。

某公司为实现快速的物流配送，采用两种方法：

其一，在当地的销售办事处累积一周的订单，再将之邮寄到地区办事处，在批量的基础上处理订单；将订单分别送往仓库，然后通过航空进行装运。

其二，通过电子数据交换系统，随时取得客户订单和货物提单信息，然后使用速度较慢的水上运输。

2.1.3　物流客户信息的作用

物流客户信息是物流信息的重要组成部分，是物流预测和订货管理的直接依据。及时而准确的物流客户信息的作用体现在以下两个方面。

第一，物流客户信息是预测的基础。物流客户信息包含了从订货需求、送货管理到售后服务在内的一系列内容和有用数据，因而是物流预测的重要依据。

第二，物流客户信息是控制物流作业的依据。订货管理部门的工作主要是处理具体的客户需求，它涉及从最初的接受订货到交付开票及通常的托收等有关管理顾客需要的方方面面。一个公司的物流客户信息系统的设计越有效，它对信息的准确性越敏感，信息流反映了一个物流系统的动态状况，不准确的信息必然导致物流作业的延迟，因此物流客户信息将直接影响物流控制的最终效果。

知识链接

物流活动的神经细胞——物流信息

在制订物流战略计划、进行物流管理、开展物流业务、制定物流方针等方面都不能缺少物流信息。

（一）物流信息在物流计划阶段中的作用

长期的物流战略计划和短期的物流战略计划的制订，关键在于是否有正确的内部信息和外部信息。如果缺乏必要的信息，或信息的准确性不高，计划就无法做出，甚至会脱离实际。可以说信息不畅会造成物流活动的混乱，对于整个物流计划的决策来说，缺乏信息或信息不可靠，将会造成全局性的失误。

（二）物流信息在物流实施阶段中的作用

1. 物流信息是物流活动的基础

信息是商业企业组织物流活动的基础。为使商业物流活动正常而有规律地进行，必须时刻了解物流信息，物流信息的任何延误或阻塞，都将造成商业物流的混乱局面，严重影响商业物流系统的社会效益。

2. 物流信息是进行物流调度指挥的手段

对物流的管理是动态的管理，联系面广，情况多变，因此在物流活动中，必须加强正确而又灵活机动的调度和指挥，而正确的调度和指挥，又在于正确有效地运用信息，使物流活动进行得更为顺利。同时还必须利用信息的反馈作用，通过利用执行过程中产生的信息反馈，及时进行调度或做出新的决策。

（三）物流信息在物流评价阶段的作用

物流信息在物流评价阶段的作用是很大的。物流评价就是对物流"实际效果"的把握。物流活动地域性广泛，活动内容也十分丰富多彩。为了把各种物流活动维持在合理的状态，就应该制定一个"范围"，即要形成系统和规范处理的标准。然而，只制定范围并不能保证维持其合理性，还需要经常检查计划和效果，对差距大的地方加以修正。正是这样反复循环，使物流进入更合理的状态。

然而，物流活动的地域范围广泛，活动内容繁多，对物流的效果也很难控制。因此，只有掌握物流活动的全部结构，才能做出正确的评价。这种结构就是信息系统，可以说，充分认识到"信息支持物流"是非常重要的。

（资料来源：https://max.book118.com/html/2021/0129/8045136131003043.shtm. 有改动）

2.2　物流客户信息的收集

2.2.1　物流客户信息收集的原则与要求

1. 物流客户信息收集的原则

物流客户信息的收集是信息流运行的起点，物流客户信息的质量决定着信息时效价值的大小，是物流信息系统运行的基础。在物流客户信息收集过程中，为了保证信息收集的质量，应坚持以下原则。

1）准确性原则。该原则要求所收集到的信息要真实、可靠。当然，这个原则是信息收集工作的最基本的要求。为达到这样的要求，信息收集者就必须对收集到的信息反复核实，不断检验，力求把误差减少到最低限度。准确的信息能为物流系统提供帮助，少量的、模棱两可的信息只会导致物流决策的失误。

2）全面性原则。该原则要求所收集到的信息要广泛、全面、完整。只有广泛、全面地收集信息，才能完整地反映管理活动和决策对象发展的全貌，为决策的科学性提供保障。当然，实际所收集到的信息不可能做到绝对的全面完整。因此，如何在不完整、不完备的信息下作出科学的决策就是一个非常值得探讨的问题。

3）时效性原则。信息的利用价值取决于该信息是否能及时地提供，即它的时效性。同一信息在某段时间内有实际意义，而过一段时间就可能毫无价值。信息只有及时、迅速地提供给它的使用者才能有效地发挥作用。

2. 物流客户信息收集的要求

有效的物流客户管理有利于服务水平的提高。在物流作业中，及时运输、库存水平、订货状态、激发客户需求等相关事项的处理都依赖于及时、准确的客户信息，一流的客户信息系统有助于物流功能的实现。物流系统对物流客户信息质量的要求表现在以下两个方面。

1）针对性。有关物流活动的信息浩如烟海，由于人力、财力、物力和时间的限制，难以全部收集。因此，要围绕物流活动，针对不同的信息需求、不同经营管理层次、不同的目的和不同的要求进行信息收集。

2）连续性。连续的信息是对一定时期客户状况的全面、综合、动态的描述，它既对预测未来的物流经济发展具有极高的使用价值和研究价值，又对眼前的物流客户管理和物流服务运作提供极大的帮助。连续获得的信息科学性强，使用价值高。

2.2.2 物流客户信息收集的内容

物流客户信息的内容是指企业内部上流程与下流程、内部客户与外部客户在企业现实环境下的合作程度、服务质量、适用客户层面、响应时间、场合、价格、方式、预计需求满足程度、内部职能协调等信息。其目的是及时调整和改进客户管理

> 对信息来讲，必要的时刻只把必要的信息准确地、实时地送到生产现场。
>
> ——大野耐一

方法。反映物流客户信息的指标有：①市场占有率；②市场覆盖率；③投诉抱怨率、投诉问题的细分与概率；④内部职能协调与响应流程及时间；⑤企业对客户响应时间的统计；⑥妥善处理各项问题所需的时间；⑦环境与产品；⑧服务的协调性；⑨价格适度性；⑩员工服务态度和技能水平；⑪客户关系管理系统运行性能和状况。

经典案例

超市后台的生意

家住杭州市景芳三区的蒋先生在易初莲花购物中心买了台洗衣机，正如蒋先生的要求，洗衣机在第二天准时送货上门，但来送货的并不是易初莲花的人，而是杭州富日物流有限公司的员工。

在杭州，富日物流公司为多家超市、便利店和卖场提供配送服务，永乐、苏宁、国美家电连锁以及华润万家超市等大型零售商在杭州的物流配送都交由它来完成。富日的总经理王卫安认为，作为一家规模不大的物流公司，富日的竞争力就在于："生产厂家和大型的批发商只要将订单指令发送到我们调度中心，富日即可根据客户指令将相关物品直接送到零售店或消费者手里。"

富日刚成立两年时，客户就已经从最初的几家发展到了150多家，2002年一年内完成仓储物流吞吐量26万吨。富日快速发展的原因，就是它从一开始，就把业务目标瞄准了商业流通领域。

富日物流成立之初，相关人员曾对杭州的物流市场做过一个调查，包括杭州的地理位置、基础建设、市场区域等。调研显示：地处流通经济异常活跃的长江三角洲，杭州这几年零售业超市大型化和连锁店经营发展迅猛，仅市区就有1 600个门店，而这些连锁店所面临的共同问题，就是店内自行配送投资太大而且管理困难，急需一个独立的平台来提供物流配送服务。

如此诱人的市场空缺，富日没有错过。

富日在杭州东部下沙路建了一个20万平方米的配送中心，可以同时储存食品、电器、化妆品、药品、生活用品等8 000多个品项，这很好地解决了当地商业流通行业因为商品多样化带来的仓储难题。零售行业单件商品配送较多，为了提高车辆的

满载率，富日物流通过信息化系统的准确调度，将不同客户送往同一区域、同一线路的货品合理配车作业，大大降低了运作成本。

退货和换货作业是物流企业对客户的后续服务，富日所服务的客户类型使它比别的物流公司要更多地面对这个难题。富日借鉴了国外的一些先进经验，专门设立退换货管理区域，将不同的客户、不同的货品退货集中起来，组织人员进行管理、分类，把能够继续使用、无质量问题的重新打包成箱，无法继续使用的则挑拣出来，进行回收处理。

"货品质押"是富日物流又一特色服务。富日与中国银行、招商银行等几家银行签约，供应商可将存放于富日配送中心的货品作为抵押获得银行贷款，同时，富日为银行免费保管这些被抵押的货品。通过这种运营模式，供应商的资产得到了盘活，库存压占的成本降低很多。这也使作为第三方物流商的富日获得了更多的客户资源。

按照王卫安的想法，下一步富日物流将全面提升物流资讯系统及网络传输能力，真正达到与货主联网，信息共享，实现物流系统网上操作及互联网在线查询。富日还在积极拓展电子商务网上订单业务，因为它看到配送物流需求正在不断增长。

富日的日子越来越好过了。一些跨国企业将其制造中心设在杭州后，同样需要本土的第三方物流企业为其提供全方位的物流服务。除了为杭州市区内的零售做配送外，富日同时也获得了许多大型快速消费品生产商在华东地区的物流份额，比如康师傅、伊莱克斯等。富日为它们提供仓储、配送、装卸、加工、代收款、信息咨询等物流配套服务。在沪杭高速上，每天都会有富日的几十辆载货车和集装箱运输车奔往宁波港、上海港以及华东地区的其他城市。

王卫安展开了富日的前景图：富日 600 亩物流园区第二期工程已有了初步的规划，"园区交通将极其便利，处于杭海路和绕城公路及将要构建的九堡大桥江北出口交会处，同时它还毗邻未来杭州汽车站的新址。"王卫安对于物流园选址颇为满意。这个项目于 2011 年 3 月份投资建设，项目总投资 2.9 亿元，建筑面积 20 万平方米，其中设有低温物流中心、中转库房和其他一些配套设施；另外，富日还开辟了 15 万平方米的大型停车场，以构建浙江东部地区最大的空车配货中心（即配载中心）。

（资料来源：http://www.oh100.com/peixun/wuliuguanli/290589.html. 有改动）

2.2.3 物流客户信息收集的方法

物流客户信息的收集程序一般包括确定收集的范围及目标，制订收集计划，选择收集方法，进行信息收集等。其中最重要的是物流客户信息收集方法的运用。

物流客户信息收集按获取方式可分为一般收集法、客户调查收集法和现代收集法等。

1. 一般收集法

一般收集法是常用的信息收集方法，具体形式有统计资料法、观察法、会议现场收集法、阅读法、视听法、多项沟通法、聘请法、购买法、加工法等。

各种方法的主要特点如表 2-1 所示。

表 2-1 常用信息收集方法一览表

信息收集方法	特点
统计资料法	信息收集的主要方法，借助各种原始记录收集资料，资料分散，需汇总整理
观察法	由营销人员实地观察取得，信息来源直接，无主观色彩
会议现场收集法	通过学术报告会、经验交流会等会议现场收集
阅读法	通过阅读报刊、图书等信息传播媒介收集信息
视听法	通过电视、广播等信息传播媒体收集信息
多项沟通法	通过建立信息联络网，在相关单位或部门间互通情报的信息交流方法
聘请法	聘请企业外部人员为企业收集信息
购买法	向信息中介公司有偿取得资料的一种方法
加工法	依企业的建制，按需要汇总基础数据形成有用信息的方法

2. 客户调查收集法

倾听客户的意见，尽量抽出时间与客户交谈，是了解企业业务运行状况、企业客户服务状况和客户需求的有效方法。客户调查收集法，就是物流企业有意识地获取客户的意见，包括与客户经历相关的信息——物流服务的质量、客户对物流服务的意见、建议等。客户调查收集法一般采用的方式有：电话调查、邮件调查、神秘客户调查、焦点人群调查、对"失去"的客户的调查。

（1）电话调查

电话调查能很快获得反馈，但又不是很容易操作，被调查的人容易将其与电话推销混在一起。在实际电话调查操作中，最好从熟悉公司业务流程的客户入手。对于一个大型的调查，就需要雇用调查公司，开发一个适合调查人群的主题列表。要使电话调查达到理想的效果，就必须做到按计划行事、问题具体明确且容易回答，调查尽量简短。

（2）邮件调查

能吸引客户的邮件具有以下特点：调查目的明确；语言通俗易懂，便于阅读；调查问题清晰，易于作答；对客户的信息保密；有激励因素。因此，确定邮件内容、选定邮件格式是邮件调查成功的保证。

调查邮件的内容通常包含调查的目的、方式，调查的具体问题，调查结果的利用等几个方面。调查的具体问题涉及企业计划的执行、服务的质量、客户的满意程度和客户更换供应商的可能等。

知识链接

邮件调查常见的样式有是/否问题和五分制等级两种，如：

● 我们的工作满足了您的要求吗？

　是□　　否□

● 您对我们的产品或服务满意吗？

　非常满意□　　满意□　　一般□　　不满意□　　很不满意□

采用邮件调查应注意的问题：

● 要求将调查表单独寄给客户，并且询问客户是否能够完成该项调查，以引起客户的重视。将调查表与订单等其他资料放在一起邮寄给客户的做法不能引起客户的重视。

● 一般情况下企业应保证客户完成调查邮件的时间为3~4分钟。

● 调查问题应便于客户客观作答，避免出现引导型问题、带有偏见的问题；可以提出有关竞争对手的问题。

● 可以设置一些开放式题目，从而给客户留出足够评论的空间。

● 调查表的设计要方便调查数据的存储。

（3）神秘客户调查

神秘客户调查是一种流行的考察方式，能够使公司对客户服务水准做出现实的评价。它的方法是：聘请某人光顾公司，让他考察服务人员的客户服务水准，如服务等待时间、友善态度、热情程度、服务技能等；同时也可以请本公司的雇员做神秘客户，去体会竞争对手的服务。这样做，一方面可以让公司的雇员体验做客户的感受和需求，使得公司的服务更加贴近客户；另一方面通过学习竞争对手的经验或吸取对手的教训，修正本公司在经营、服务中的偏差。

（4）焦点人群调查

焦点人群调查是对特定人群进行的调查，被调查人群因调查的内容、接受的反馈意见的类型和接受方式不同而有所差异。开展焦点人群调查首先应制订周密的计划；其次在发出的邀请函中应表明被邀请人员所具备的条件；最后是对焦点人群调查会议实施有效的控制。此外，主持焦点人群调查会议时还应注意以下几个方面。

第一，会议的环境。宽敞明亮的会议室可以让被调查者产生畅所欲言的良好感觉。

第二，会议的准时性。准时的会议让被调查者感受到尊重。

第三，主持人员保持中立的态度。主持人员竭力为公司辩解会挫伤与会者发言的积极性。

第四，配备会议记录设备或人员。

具有吸引力的焦点人群调查在会议之后会向与会者致谢并赠送礼品。

（5）对"失去"的客户的调查

对"失去"的客户的调查是一件值得花时间做的事情。重新赢得流失的客户，这对于企业来讲无疑是一个极好的正面宣传的机会，是公司实力与服务水准的良好体现，而且这部分客户往往会变得极为忠诚。对"失去"的客户的调查一般通过电话进行，需要向客户保证尽量少地占用他（她）的时间，同时要表明公司对他们的关注，以赢得他们的信任。对"失去"的客户进行调查，应遵循以下步骤。

第一，确定"失去"一词的含义和时间标准，如一个月或半年等。

第二，安排中立人员打电话。

第三，做好获得客户准确、具体答案的准备。

第四，让客户提出要求和可行的解决办法。

3. 现代收集法

现代收集法的最显著特征是运用现代信息技术进行信息的收集。当前常用的现代信息收集法主要有网络收集法和数据库收集法两种。

现代信息快速通道——网络，是现代信息收集的主要手段，它具有快捷、直观、丰富的特点。在互联网上，企业可以自设网站征集信息，也可从别的网站下载自己需要的信息。建立数据库，从大型数据组中寻找所需客户资料是数据库收集法的特点。

> **练一练**：上网收集一些关于当地物流企业对物流学生招聘的信息。

2.3 物流客户信息的整理

通过物流经营活动或有意识的调查活动所获得的资料是零散的、相互孤立的，要合理利用这些不规范的信息，就必须对它进行系统的加工和整理。物流客户信息整理是采用科学的方法，对收集到的信息进行筛选、分类、比较、计算、储存，使之系统化、条理化，综合反映物流客户特征的工作。物流客户信息整理是物流客户管理的重要工作。

2.3.1 物流客户信息整理的目标

物流系统运行与客户服务相伴而行，客户服务是物流系统的载体，物流客户信息是物流系统的窗口。物流客户信息整理的目标主要有：物流系统服务目标、快速及时目标、节约和规模化目标、库存调节目标。

1）物流系统服务目标。物流系统是流通系统的一部分，它连接着生产与再生产、生产与消费，具有很强的服务性。在服务环节中，要求物流企业树立"用户第一"的观念，而实现"用户第一"的目标应以信息的掌握为前提，并在对客户信息做深入分析的基础上，选择有效的形式提供相应的物流服务。

2）快速及时目标。及时性不仅是服务性的延伸，也是现代物流管理提出的要求。拥有丰富、准确的物流客户信息是物流快速、及时决策的基础。物流客户信息整理的快速、及时是社会大生产进一步发展的强烈要求，而物流领域的直达运输、联合一贯运输、时间表系统等管理和技术的运用，无一不以物流客户信息整理的快速、及时为前提。

3）节约和规模化目标。合理的节约意味着投入的减少和利润的增加，而物流经营的规模化也是从宏观上节约社会资源，实现物流运作整体效益的有效方式。分类、有序的客户服务信息为实现物流效率的提高、物流企业利润的增加提供了坚实的基础。

4）库存调节目标。从宏观调控的角度上看，库存是社会物资的储备；从物流企业的微观管理上分析，库存调节是物流服务活动的延伸，库存决策将直接影响物流企业的效益。只有在拥有完善的物流客户信息的前提下，才能正确确定库存方式、库存数量和库存结构等问题，实现库存的调节生产、消费、运输的作用。

2.3.2　物流客户信息整理的要求

物流客户服务过程是企业在为客户提供物流服务产品的同时，不断维护、发展良好的客户关系的过程。因此，物流服务人员必须能够及时从企业获得有用的、准确的信息，全面了解客户与公司的关系；如果企业不能为员工的工作提供足够的信息支撑，或客户的要求超出了物流服务人员所熟悉的领域，这样物流服务人员就无法满足客户的要求。为了改善与客户的关系，物流企业必须通过调查积累大量的物流客户的信息，通过整理形成有用的客户信息，并及时向需求部门传递信息。物流客户信息的整理一般要求如下。

1）提供有效服务的信息要求。客户在提出问题时都希望能够获得快速、准确的答复，因此信息的整理分类应包括客户的偏好和历史等资料，使得客户的反馈得到及时的响应。为提高客户服务活动的反应能力和反应速度，物流客户信息的整理内容应做到：①全面记录产品或服务的信息，如产品的特点、产品的库存、产品的升级、安装调试等；②具备转发和跟踪复杂查询的能力，使每一位客户得到正确的答复；③具备收集和记录同客户使用经历有关的信息。

2）访问服务信息。通过整理后的物流客户信息应能够及时、便利地满足物流企业各相关部门的需要。如通过跟踪安装检测、保修条款、服务合同等问题的记录和归类整理，可以为公司更准确地估计服务的劳动力成本和零部件成本，而这些服务成本方面的信息又成为制定服务价格、签订服务合同的依据。因此物流客户信息的整理应达到信息共享的目的，便于不同部门的访问、使用。

3）信息输送和工作流程管理。工作流程是指为完成某个目标所采取的一系列步骤。有用的信息是工作流程顺利实现的前提。客户的信息应通过不同的报表格式输送到需求的地点。以分类信息为核心内容的工作流程管理系统应具备记载相关信息的功能，包括谁在做什么，过程运行周期、成本等内容；能给工作人员提供恰当的工作物件和数据，对工作流程起到推动和监控的作用；同时能为提高客户满意度提供支持，为回答客户咨询的员工提供及时、准确的信息；为使各地员工都能访问各业务系统的全部信息提供有用的数据。

4）记录客户反馈。物流企业的客户信息收集和反馈系统在收集、记录客户反馈的同时，还应能够及时地分类、汇总客户的反馈意见，通过对客户反馈意见的分析，找到企业运营中存在的薄弱环节，准确调整企业的服务方针、策略和工作流程，从而实现对客户期望的最大满足。

小故事

蟹闯天下 顺丰领鲜

2016 年 7 月 27 日，顺丰在苏州阳澄湖畔举办 2016 年大闸蟹行业解决方案发布会。现场嘉宾云集，当地政府人员、行业协会人员以及阳澄湖蟹农蟹商共同参与了此次盛会，见证顺丰率先推出的"天龙八部"大闸蟹行业解决方案。

2008 年顺丰首次携手阳澄湖蟹农蟹商尝试大闸蟹寄递。经过 8 年风雨同舟的共同陪伴与成长，大闸蟹已成为产值数百亿元的产业。从 2011 年到 2015 年，全国通过顺丰寄递的大闸蟹件量达到 1 300 万单，约有 1 亿只大闸蟹通过顺丰送到全国消费者手中。

一直以来，顺丰作为助力大闸蟹市场繁荣的践行者，始终专注于提升、优化大闸蟹寄递专业能力，致力于配合大闸蟹协会、广大蟹农蟹商打造"蟹产业"。顺丰将继续锻造成为"基于大闸蟹物流的商业合作伙伴"，不仅投入内外部众多渠道资源，大力推广宣传大闸蟹品牌，同时，顺丰的金融等多部门也将为广大蟹农、蟹商提供商业渠道拓展、运维资金支持，从而达到顺丰与客户合作共赢的目的。

（资料来源：https://www.sf-express.com/cn/sc/case_share/detail/Freshest-Crabs-SF-Taking-the-Lead/.）

2.3.3 物流客户信息整理的方式

物流客户信息的整理有人工整理和计算机分类整理两种方式。

1. 人工整理

物流客户信息的人工整理是利用手工，借助各种图表形式对物流客户信息进行归类、计算、分析的整理方法。在这种方式下，企业内部物流客户和外部物流客户的信息整理依据和要点是不同的。

（1）内部客户工作协调信息的分类整理

物流是包装、装卸搬运、储存保管、流通加工、配送、废弃物流的回收与处理等各系统与功能的有机组合，物流整体职能的发挥，是通过物流各职能部门的互相依赖、互相联系和互相作用来实现的。各职能作用的联系性决定了信息流通、交换的重要性。内部客户工作协调信息的分类整理实质上是物流系统及物流系统信息管理，它强调的是快速反应性、连贯性及协同性。其要点有以下几点。

1）运输：物品损坏率、正点运输率、时间利用率、运力利用率。

2）仓储：物品完好率、物品盈亏率、物品错发率、设备和时间利用率、仓容利用率、仓库面积利用率。

3）供应物流：采购不良品率、仓储物品盈亏率、采购计划实现率、供应计划实现率。

4）生产物流：生产计划实现率、生产均衡率、劳动生产率。

5）销售物流：销售合同完成率、发货差错率。

6）回收废弃物流：废品回收利用率。

对上述物流环节信息进行分类整理，有助于企业从总体上把握物流系统的现状，找到物流系统存在的问题，明确物流改善的方向。内部客户工作协调信息的分类整理一般依据企业的各种内部凭证、计划进行，如采购计划单、质量跟踪卡、领料凭证、结算凭证等。

（2）外部客户服务信息整理

物流外部客户信息的涉及面广、信息量大，按其反映的内容不同，可以分为客户基本资料、客户特征资料、客户业务状况资料、客户财务及信用资料和客户行为资料五个方面。实际中对物流外部客户服务信息的整理是借助各种整理分析表来完成的。客户信息整理表的内容、格式多样，以下仅就常用表格做简单介绍。

1）反映客户基本情况的整理表。反映客户基本情况的整理表一般有客户等级分类表、客户分布状况表、客户构成分析表等。这些表格主要用来反映客户的地区分布、等级和对企业的营业额贡献情况，是企业细分市场的最直接依据。表 2-2 是按客户销售额资料分类的客户分布状况表，反映不同销售额的客户在地区上的分布状况，是企业确定发货、送货数据，设置配送中心的基础。

表 2-2 客户分布状况表

年度	地区	客户数量	销售量		备注
			金额	比重	

2）反映客户特征的整理表。反映客户特征的整理表是反映客户内部组织结构、相关管理制度和管理层员工情况的表格，如客户情况报告书、客户经营者分析表等。表 2-3 是反映客户法人代表能力、经验和性格的客户经营者分析表，它对企业开拓市场、接近客户起着指导作用。

表 2-3 客户经营者分析表

客户名称		法人代表	
法人代表经验	主要经历		
	办事风格		
	主要业绩		
法人代表能力	行销能力		
	管理能力		
	金融能力		

31

续表

法人代表性格	直观感觉	
	他人反映	

3）反映客户业务状况的整理表。反映客户业务状况的整理表是反映客户营销状况、与其相关客户往来情况的整理表。常用的有客户经营状况分析表、客户营销状态分析表等。客户经营状况分析表（表 2-4）是对客户经营情况，与往来客户、银行等的关系的综合反映。

表2-4 客户经营状况分析表

客户名称		地址/电话	
法人代表		地址/电话	
经营情况			
与往来客户的关系			
支付情况			
与往来银行的关系和评价			
业绩状况			

4）反映客户财务、信用状况的整理表。分析、揭示客户信用状况是客户管理的不可忽视的重要内容，它直接影响物流企业的成本水平，是企业选择客户、发展客户的依据。反映客户信用状况的整理表格通常有客户信用评估表、客户信用状况变化分析表、客户绩效管理表格等。客户信用评估表（表 2-5）是从客户管理人员的能力、客户管理人员的配备等人力资源的角度分析客户信用度情况的表格。

表2-5 客户信用评估表

客户名称：

评价要素	评价标准	评分标准	备注
经营者事业心			
经营者策划能力			
经营者健康状况			
管理人才			

5）反映客户行为的整理表。反映客户投诉情况的整理分析活动是物流客户管理的重要内容，它对企业加强物流管理，提高物流服务质量，赢得更多的回头客有着极其重要的意义。常用的反映物流客户投诉情况的整理表格有客户投诉处理总结表（表 2-6）、客户投诉案件统计表等。

表 2-6　客户投诉处理总结表

投诉次数		每天次数	
已解决的投诉次数		解决比例	
涉及产品质量的次数			
主要质量问题具体对策			
运输环节问题及其对策			
包装环节问题及其对策			
管理环节问题及其对策			

以上是外部客户服务信息整理中常用的部分相关表格，实际中还有其他用途和格式的整理表，在此不做赘述。外部客户服务信息整理通常以各种调查表、信息反馈卡、客户投诉表等资料为基础，在步骤上由对资料的分类、汇总计算和集中分析三个环节组成。

2. 计算机分类整理

物流客户信息的计算机分类整理实质上是建立一个企业甚至整个社会都能随时调用的物流数据库，在内容上主要涉及：①对用户的订货能否快速送到；②接受用户的订货时商品的直送率情况；③运输途中的交通事故、货物损伤、丢失和发送错误情况；④保管中变质、丢失、破坏现象；⑤是否具有能很好地实现运送、保管功能的包装；⑥装卸搬运功能满足运送和保管的要求；⑦物流情报信息系统能否及时地反馈信息；⑧合理的流通加工，是否能保证生产、物流费用之和最小。

练一练：将上面收集的信息进行整理。

小　结

物流客户信息具有复杂、多变、难以收集等特点，并且物流系统是一个多环节的复杂系统，这就给物流客户信息的收集带来了很大的困难。本单元主要阐述了物流客户信息收集的内容，物流客户信息收集的主要方法，以及如何整理物流客户信息。

练 习 题

一、名词解释

物流客户信息

二、填空

1. _____、_____是物流客户信息质量的要求。

2. 及时而准确的物流客户信息的作用体现在_____、_____。

3. 在物流客户信息收集过程中，为了保证信息收集的质量，应坚持_____、_____与_____原则。

4. 物流系统对物流客户信息质量的要求表现在_____、_____。

三、问答

1. 物流客户信息的特点有哪些？

2. 哪些物流客户信息需要收集？

3. 物流客户信息整理的目标是什么？

4. 物流客户信息整理的一般要求有哪些？

四、课堂实训

目的：掌握物流客户信息收集的能力。

任务：以小组为单位，用不同的物流客户信息收集方法，收集物流客户信息。

五、课外实践

目的：树立正确的客户服务观念，培养良好的客户服务情感，掌握快捷的客户服务技巧。

任务：参观物流企业，观察学习物流客户服务人员进行物流信息收集、整理的工作过程，并尝试体验。

六、综合模拟仿真实践

1. 实践目标

灵活运用所学书本知识，解决日常生活工作中存在的问题，锻炼学生的动脑分析能力、动手操作能力，培养团队合作精神，体现职业教育特征。

2. 实践内容

用本单元学习的知识，每组寻找一位客户，完成表 2-7 的填写，并对全班同学的表格进行收集整理。

表 2-7　物流客户信息登记表

日期：	
客户名称：	
联系电话： 1. 手机：	2. 固定电话：
邮箱地址：	

续表

联系地址：

证件类型：　　　　　　　　证件号码：

邮寄物品类型：　　1.　　　　　2.　　　　　3.

预计每周邮寄包裹数量：　　　　预计每周邮寄包裹重量：

付款方式：预付邮资□　转账□　现金□　其他□

收货方式：送货□　上门取货□　地址：

证件复印粘贴

备注：

3．岗位角色

全班学生分组，每组 2～3 人。

4．模拟步骤

1）各小组讨论。

2）各小组制订出行动方案。

3）各小组按方案完成作业。

4）教师进行评价并和学生共同为各小组打分。

5．注意事项

1）学生分组时要合理搭配。

2）小组成员要相互配合，充分发挥团队精神。

3）学生必须遵守纪律，听从指挥，讲文明，懂礼貌，表现出良好的综合素质。

6．作业展示及点评

填写考核评分表，如表 2-8 所示。

表2-8 考核评分表

考评人		被考评人	
考评地点		考核时间	
考评内容		校内（校外）实践	
考评标准	具体内容	分值/分	实际得分
	讨论情况	20	
	方案设计情况	30	
	任务完成情况	30	
	实践报告完成情况	20	
	合计	100	

注：考评满分为100分，60～74分为及格，75～84分为良好，85分及以上为优秀。

拓展阅读：食品物
流搭载信息高速

单元 3 物流客户服务内容

● **知识目标**

1. 理解仓储、运输、配送及流通加工的含义。
2. 明白仓储、运输、配送及流通加工的功能。
3. 了解仓储、运输、配送及流通加工在物流中的地位与作用。

● **能力目标**

1. 能够熟练进行仓储、运输、配送及流通加工客户服务。
2. 能够根据不同的物流客户服务内容，准确地进行考核。

● **情感目标**

在良好的客户服务过程中，培养与客户间良好的情感。

导入案例

位于日本东京和平岛流通基地内的学研社以出版和销售杂志、书籍为主，兼营与教育相关的教学器材、教材、体育用品、文具、玩具等。随着销售量的急剧上升，学研社总公司为全日本的4 000多家特约销售店服务，每天的物流量高达1万吨左右。

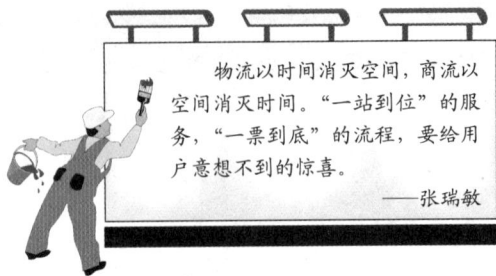

物流以时间消灭空间，商流以空间消灭时间。"一站到位"的服务，"一票到底"的流程，要给用户意想不到的惊喜。

——张瑞敏

为适应迅速发展的业务需要，该公司曾几次改进仓储进出库作业方式。1964年公司决定将传统的仓库改建为仓储配送中心，引进托盘化作业、传送带包装拣货等，为现代装卸搬运、仓储保管打下了基础。1974年公司采用了自动化立体仓库技术，商品出入库作业全部实现自动化，并将计算机用于库存管理和编制出库作业路线图等。1985年以来，公司为提升服务，节省成本，开发了新一代仓储、配送信息网络系统。

学研社的书籍、教材均属多品种、少批量，规格、形状、尺寸各异的商品。该类入库商品在4楼卸车码盘验收后暂时保管，其后打包成标准包装进入拣选作业线。零星出库商品用纸箱重力式货架移动，等待拣选。根据由联机打印出的运输用的标签进行拣选。拣选商品中的标准包装，贴上标签进入自动分拣系统。传送带全长430米，水平搬运，并从4楼向1楼的垂直搬运带出货，送往高速自动分拣系统。经激光扫描器扫描，自动阅读标签上的条形码，自动分拣到指定的分拣滑道，每天的处理能力约为300吨。

杂志属少品种、大批量，规格、形状、尺寸基本统一的商品。该类入库商品在1楼收货、验货，热收缩包装集装化后装载在托盘上，暂时储存在托盘重力式货架上保管。部分存放在2楼重力式货架的杂志，得到补货指令，便自动通过垂直输送机运到1楼出库。根据出库的信息，商品自动地被拣选，计算机系统打印出配送用的标签，自动粘贴在纸箱上。在1楼的出货站台，一旦汽车到达，出货商品由水平输送机等自动送到出货处装车。而零星商品在3楼拣货、配货后，由垂直输送机向1楼运送出货，一天的出货量300吨。

（资料来源：https://www.docin.com/p-1401887223.html.）

案例解析 物流仓储业务是物流的核心业务之一，货品仓储成本的高低将直接影响到物流成本的高低。学研社使用科学的方法管理和控制储存业务，提高仓储服务的水平，从而达到了降低物流成本和提高经济效益的目的。

案例思考 1）该公司的商品是如何分类分区储存的？

2）若要确保商品质量安全，在货位的选择时应注意哪些问题？

3.1　物流仓储客户服务

3.1.1　物流仓储客户服务的主要内容

仓储的基本作业流程是在进货作业确认进货物品后，将物品储存入库，为确保在库物品受到良好的保管，进行定期或不定期的盘点检查；当客户订单进来后，先将订单依其性质做处理，再按处理后的订单信息执行将客户订购物品从仓库中取出的分拣作业，当拣货区所剩库存过低时，必须由库存区进行补货，当整个库存区库存过低时，需向供应商进行采购；从仓库拣出的物品经过整理后出货，司机将物品装车，然后配送到每个客户。

仓储客户服务的主要内容涉及以下环节。

1）订货、发货。仓储部门一般是通过网络将仓库与企业本部各工厂以及处于经营最末端的店铺连接起来，从而使订货信息通过信息系统传输到仓库，在准备发货的同时，同期进行制作发货单、账单等。客户服务负责订货及发货的工作。

2）进货、发货的检验。伴随着订货、发货业务的开展，检验作业也在仓储区进行。条形码的普及以及便携式终端性能的提高，使物流作业效率得以大幅度提高，即在客户订货信息的基础上，在进货商品上要求粘贴条形码，商品进入中心时，用扫描仪读取条形码检验商品，或在企业发货信息的基础上，在检验发货商品时加贴代表客户信息的条形码，这样仓库保管以及发货业务都在条形码管理的基础上进行。

3）仓库内的保管、装卸作业。现代化仓库一般都导入自动化作业，以便在实现物流作业快速化的同时，极力削减作业人员，降低人力成本。客户服务要负责保管及装卸的通知和跟踪。

4）场所管理。场所管理分为两种形态。一种是利用信息系统事先将货架进行分类、编号，并粘贴货架代码。各货架内装置的商品事先加以确定，这是一种固定型的场所管理。另一种是流动型管理，即所有商品按顺序摆放在空的货架中，不事先确定各类商品专用的货架。

在固定型管理方式下，各货架内装载的商品是一致的，这样从事商品备货作业较为容易，同时信息管理系统的建立也较为方便，这是因为只要第一次将货架编号以及商品代码输入计算机，就能很容易地掌握商品出入库动态，从而省去了不断进行库存统计的烦琐业务。与此同时，在库存发出以后，利用信息系统能很方便地掌握账目以及实际的剩余在库量，以便及时补充库存。流动型管理方式由于各货架内装载的商品是不断变化的，在商品变更时，出错的可能性较高。

5）退货。产品退货成为众多企业面临的问题，也成为目前一些仓库的一项服务，从现实和发展两方面来看，退货的管理可能成为第三方物流企业要加强的一项工作内容。

仓储客户服务部在接到货主送达的"成品退货单"时，应先审查有无注明依据及处理说明，若没有，则应该将"成品退货单"退回补充，若有则依"成品退货单"上的客户名称及承运地址联络承运商运回。退货品运回仓库后，客户服务应会同有关人员确认退货的原因是否正确，若确属事实，应将实退数量填注于"成品退货单"上，并经点收人员签章后，第一联存于会计，第二联送收货部门留存，第三联由承运人携回并依此申请费用，第四联送业务部门向客户取回原发票或销货证明书。

练一练：以小组为单位，用接龙的方法口述物流仓储客户服务的全过程。

3.1.2 物流仓储服务的考核

仓储部门可以充分利用仓储生产绩效考核指标对外进行市场开发和客户关系维护，给货主企业提供相应的质量评价指标和参考数据。具体要求表现如下。

1）说服客户，扩大市场占有率。货主企业在物流市场上寻找供应商的时候，在同等价格的基础上，服务水平通常是最重要的评判要素。如果仓储部能提供令客户信服的服务指标体系和数据，就会在竞争中获得有利地位。

2）稳定客户关系。目前，在我国的物流市场中，以供应链方式确定下来的供需关系并不太多，供需双方的合作通常以一年为期，到期客户将对物流供应商进行评价，以决定以后是否继续合作，这时如果客户评价指标反映良好，物流企业就会继续拥有这一合作伙伴。

例如，某物流企业为了稳定客户关系，在与客户签订的合同中，向客户承诺了如表 3-1 所示的服务指标。

表 3-1　报告类型及递交时间

报告类型	递交时间
仓库收货报告	货物到达仓库后的第二个工作日上午 9:30 前
SOD 报告及照片	货物到达仓库后的第二个工作日上午 9:30 前
日货物出库汇总报告	货物出库后的第二个工作日上午 9:30 前
库存日报告表	每周日上午 10:00 前
库存月度盘点结存报告	根据双方约定的盘点日期
KPI 周报告	每周一上午 10:00 前
KPI 月报告	下月的前 5 个工作日内
周度销售报告	根据双方约定的时间
月度销售报告	根据双方约定的时间
年度销售报告	根据双方约定的时间
周度库存分析报告	根据双方约定的时间

在整个仓储环节中，仓储部一般采用关键服务指标作为业务表现的衡量工具，并向其所有长期业务伙伴提供这些指标，物流仓储客户服务关键绩效考核指标（KPI）如表 3-2 所示。

表 3-2 物流仓储客户服务关键绩效考核指标（KPI）

序号	KPI 指标	考核周期	指标计算公式	服务目标
1	物资入库差错率	月/季/年度	入库出错次数/入库总次数	小于等于 0.01
2	出货差错率	月/季/年度	出货差错次数/出货总次数	小于等于 0.01
3	库存货损率	月/季/年度	库存货损金额/平均库存总额	小于等于 0.05
4	账货相符率	月/季/年度	账货相符的笔数/储存物品笔数	大于等于 99.5
5	订单按时完成率	月/季/年度	按时完成订单数/订单总数	大于等于 95
6	单据与信息传递准确率	月/季/年度	传递准确次数/传递总次数	大于等于 99.5
7	数据与信息传输准时率	月/季/年度	传输准时次数/传输总次数	大于等于 99
8	有效投诉率（由仓储服务商过失所引起的）	月/季/年度	有效投诉涉及订单数/订单总数	小于等于 0.8

资料来源：GB/T 21071—2007《仓储服务质量要求》。

作为企业客户服务一部分的物流服务，最终要通过顾客的满意度体现出来。在选择仓储服务商时，客户只会选择达到自己服务要求的物流企业。

> **想一想：** 如何说服客户，扩大市场占有率？

3.2 物流运输客户服务

3.2.1 物流运输客户服务要素

物流运输客户服务的要素包括运输速度、服务可靠性、服务频率、服务可得性、处理货物能力、运输服务成本及货损与货差。这些因素和所付运费都是选择运输服务提供商的重要因素。

（1）运输速度

运输速度是指运输货物从始发地到目的地的总时间。由于存在货币的时间价值和货物实物形态的易变性，所以速度是托运人关注的重要因素，同时也是客户服务水平的重要体现。

（2）服务可靠性

服务可靠性通常用与正常服务水平的偏差来衡量。对于有些客户来讲，服务可靠性要远远重要于时间因素，通常可以直接影响到客户的缺货成本和存货水平。因此，企业无论提供什么样的服务水平，都要尽可能保持100%的服务可靠性，这也是客户所期望的。

（3）服务频率

服务频率是指在一个给定时期内两地之间往返的次数。承运人提供的服务频率依赖于托运人在两地之间的服务需求量。

（4）服务可得性

服务可得性是指特定服务的地理区域，反映了各种运输方式的可接近性和可达性。联合运输有助于延伸不同方式的可得性。

（5）处理货物能力

处理货物能力是指处理异形、重质、易碎、液态、易燃、易爆、易腐或易受污染的货物的能力。它反映了各种运输方式提供特种运输服务的能力。

（6）运输服务成本

运输服务成本是指为两个地理位置间的运输所支付的款项以及管理和维持转移中的存货的有关费用。物流系统的设计应该利用能把系统总成本降低到最低限度的运输，这意味着最低费用的运输并不一定导致最低的物流总成本。

（7）货损与货差

发生货损与货差的相对次数以及处理索赔的快慢和赔偿金的比例，也会影响客户对运输客户服务的选择。客户大多愿意选择历来货差、货损少的运输服务提供商，而在这方面声誉不佳的运输服务提供商往往遭到客户的拒绝。

3.2.2 选择物流运输服务提供商的方法

在物流系统的设计中，必须精确地维持运输成本和服务质量之间的平衡。效益背反现象是物流系统中最常见的现象，不仅物流各部门和各功能之间存在"效益背反"，物流运输服务与物流成本之间也存在"效益背反"。在某些情况下，低成本和低服务水平也许将是令人满意的，一切都取决于物流系统的总目标。

在选择物流运输服务提供商时常采用的方法有以下几种。

1. 服务质量比较法

客户在付出同等运费的情况下，总是希望得到更好的服务，因此，服务质量往往成为选择物流运输服务提供商的首要标准。服务质量主要包括两方面的内容，即运输服务质量和服务理念。

运输服务质量是物流服务质量的一个重要体现，因为物流过程中的货损与货差很大程度上是在运输过程中造成的。运输服务质量不但包括运达商品本身的安全性，还包括运输商品的时间保证程度。

由于运输技术及运输工具的发展，目前各运输服务提供商之间的运输质量差异在缩小，而为了吸引客户，服务商不断更新服务理念，以求较其他服务商有优势，从而稳定自己的市场份额，增强竞争力。客户在选择不同的物流运输服务提供商时考虑的服务理念主要有以下几个方面。

1）运输的准时率。较高的准时率可以方便客户对货物的库存和发运进行控制，当然也为其安排接运等提供了便利。

2）合理的间隔。这里的间隔是指发车的时间间隔、船舶的发船密度、铁路运输的发车间隔等，合理的时间间隔同样也将方便客户选择托运的时间及发货的密度等。

3）单证的准确率。单证的准确率影响到运输服务的效率及客户企业的人力成本等。

4）信息查询的方便性。不同的物流运输服务提供商除了提供运输以外，还在附加服务上进行投入，如价格查询、航班查询以及货物跟踪等服务。

5）货运纠纷的处理。无论服务提供商怎么提高运输质量、改进服务水平，货运纠纷仍然难免会发生，发生后如何及时圆满地处理是客户所关心的。

2. 运输价格比较法

虽然运输服务质量已日益受到越来越多的客户的关注，但就我国目前整体经济环境来讲，运输服务价格仍然是客户选择运输服务提供商的一个重要因素。

目前，各运输服务提供商为了稳定自己的市场份额，都会努力提高客户服务质量。随着竞争的日趋激烈，对于某些货物来说，不同的运输服务提供商所提供的服务质量已近乎相同，因此运输价格很容易成为各服务提供商的最后竞争手段。于是客户在选择时，如面对几乎相同的客户服务质量时，或有些客户对质量要求不高时，运输价格成为另一个重要的选择因素。

3. 综合选择法

很多客户在选择物流运输服务提供商时会同时考虑多个因素，如同时考虑客户服务质量和运输服务价格，以及服务提供商的信誉、服务提供商的经济实力、服务提供商的服务网点数量等。通过对多方面的因素进行综合权衡来作出选择。

3.2.3　物流运输客户服务的主要内容

在大多数组织中，物流运输部门有责任管理所有与货运有关的运输活动。现代运输部门对厂商的平均物流成本所产生的影响超过了 50%，所以，物流运输部门能够在作业上和战略上产生重要的影响。除制定等级费率外，物流运输部门的服务内容还包括：审计和索赔管理、制订设备计划、费率谈判、研究、跟踪和处理。

1. 审计和索赔管理

当运输服务或收费并没有满足事先所确定的标准时，托运人可以提出退回原物的请求权。请求权被细分为两类：一是灭失损坏请求权；二是多收运费与少收运费请求权。当承运人拙劣的履约行为造成托运人部分的或全部的经济损失，且托运人要求承运人赔偿时，或者当托运人违背了运输协议时，就会发生灭失损坏请求权。顾名思义，灭失损坏请求权是在收取的费用与费率本上公布的收费项目有差异时才会发生，这些请求权一般需通过下面将要叙述的运费清单审计程序加以解决。

各种索赔规则都明确规定了提出请求权的适当程序，并规定该项请求中所涉及的各方都是应该负有责任的。在审理的过程中，有两个要素很重要：第一，要把注意力集中到索赔管理上，因为各种补偿只有通过大量的审计程序才能实现；第二，大量的索赔表明，承运人并没有履行其服务义务。不管通过索赔管理所获得的补偿额有多少，灭失损坏请求权所导致的顾客服务履行的中断，会影响托运人对其顾客所享有的声誉。

审计运费清单是运输部门的一个重要职能，而审计的目的则是要确保账单的精确性。然而，运输费率的复杂性往往导致其误差概率高于其他大多数采购活动中所发生的误差。运费清单审计有两种类型：一种是在支付运费清单之前，用于确定收费是否恰当的事前审计；另一种是在支付运费清单之后，用于确定收费是否恰当的事后审计。审计工作既可以在外部进行，也可以在内部进行。如果是在外部进行审计，专业化运费审计公司会雇用详细的商品分组方面的专家来担任审计工作，这种审计一般要比使用内部人员进行审计更有效，因为内部人员不一定具备与专家相同的水平。外部审计的费用通常是按照因多收运费而得到抵偿的收入百分比来计付的。此外，为进行运费审计所雇用的运费审计公司有无崇高的伦理道德也是至关重要的，因为在运费清单上记载着有价值的营销和顾客方面的信息，如果他们没有维护这种机密性信息，公司的活动就有可能受到不利的影响。

在现实中，通常需要根据运费清单的价值来结合使用内部审计和外部审计。对于可能具有较大补偿额的运费清单，通常采取的是内部审计。

然而，外部审计与内部审计的相互竞争还会面临厂商的规模大小以及费率计算机化程度的挑战。例如，大型的运输部门往往具有审计方面的专职人员。此外，使用计算机化的运费支付系统的厂商，他们能够建立有关起运地与目的地以及重量等方面的费率系统。

2. 制订设备计划

无论是公共承运人，还是私营承运人，运输部门的一项主要任务就是制订设备计划。因为，运输作业上出现的严重瓶颈状况，就有可能起因于承运人的设备正在托运人的停车坪处等待装卸。为此，编制适当的时间表需要仔细地制订装载计划、设备利用率，以及驾驶员工作时间表等。此外，还必须计划、协调和监督设备必要的维修保养。

3. 费率谈判

对于任何既定的托运货物来说，运输部门都有责任在服务要求一致的前提下获得尽可能低的费率。铁路、航空、汽车、管道、包裹邮寄、国内速递、货运代理人等，各种运输方式所流行的运输价格，都是运输部门设法收集起来做参考的对象。现在，承托双方的运输洽谈往往都以流行的费率为起点，而有效谈判的关键，则是双方寻求达成"平手"协议，即承运人与托运人都是合同的"赢家"，以此来分享增加运量的收益。

4. 研究

除行政管理职能外，运输部门还承担研究的责任。运输经理们应该始终留意有关信息，以期改善承运人服务，或获得更低的运输费率。对运输研究来说，这种做法意味着，对承运人的绩效进行广泛的衡量将是一种不会间断的活动。

然而，对承运人的绩效进行衡量，却是运输研究中最少开发的领域之一。有关的信息一般都是在向个别的承运人提出索赔的过程中逐渐积累起来的，其实，托运人还应该设法去衡量承运人是如何良好地满足合同所规定的服务义务的。承运人的这类服务义务中涉及以下内容：①承运人一体化，即把承运人的新产品和新服务结合进物流作业中去；②承运人评估，即从一长列适合提供服务的承运人名单中挑选一位；③运输服务一体化，即运输部门有责任去寻找可供选择的方法，以便充分利用运输服务来降低整个物流系统的总成本。

5. 跟踪和处理

跟踪是对货物损失或延迟递送进行定位的程序。跟踪活动必须由托运人的运输部门来启动，一旦启动，承运人就有责任提供所需要的信息。当托运人通知承运人有一项特殊的装运业务需要尽可能地、毫无延迟地通过承运人的系统时，就会发生跟踪和处理活动。

现在，通过使用诸如条形码、在线货运信息系统和卫星通信等信息技术，可以大大地方便运输部门的跟踪和处理活动。条形码提供快速和无差错的信息传输，有助于在中途站点用卡车进行装运；在线货运信息系统和卫星通信等信息技术可以使托运人或收货人直接联通承运人的计算机，以确定某一票货物的状况。

> **练一练**：以小组为单位，用接龙的方法口述物流运输客户服务的全过程。

3.2.4　运输部门关键绩效考核指标

建立完善的客户满意度评价指标体系，并及时公布。客户满意度是用来衡量客户对产品或服务的感受程度的指标，它可以帮助物流企业了解客户对其产品或服务的评价，便于企业发现自身的优势和不足。

运输服务指标主要有如下几条。

1）计划执行率。这是指在规定计划响应时间内承运方计划完成任务与实际完成的运输任务的比率。计划响应时间指从客户下达发货计划之日至承运方将货物发出之日（以送货清单上发货时间为准，铁路运输为车皮发出之日），承运方走货时应遵循先急后缓的原则。

2）准点交货率（或称"送货及时率"）。这是指考核期内准点交货体积与发运总体积比率。由于不可抗力因素造成的逾期不纳入考核。

3）完好交货率。这是指完好交货数与发运总数的比率，或者采用货损率来表示，货损率为考核期内货损金额与考核期内运输货物金额总和之比。

4）回单回收率。它考核承运方每月回单是否能按时完好地回收。

5）单证及数据传输准确率。它考核各种单证、报表等运作信息是否按照客户的要求及时、准确地传递给客户的相关人员。一般应大于或等于 99%（其中必须满足以下两点：一是收货人按客户的要求正确签收的送货单；二是已签收的送货单从签收之日起 7 天内返回给客户）。

6）客户满意度。这主要是从客户的有效投诉次数进行考评，客户投诉率＝投诉次数/同期交货总次数×100%，一般将客户投诉率控制在 1%以内。另外，还从总体运作质量、服务意识和服务态度等方面进行综合考虑。

3.2.5 运输客户服务人员考核办法

物流运输客户服务人员应该具备良好的业务素质和心理素质。有必要对物流运输客户服务人员进行定期考核。一般可采用评级量表法，由考核者根据本企业的特点，确定考核的具体内容，对员工每次考核的表现做出评价和记分，最后根据考核结果制定相应的奖惩措施。运输业务客户服务人员考核表如表 3-3 所示。

表 3-3　运输业务客户服务人员考核表

考核内容		评定				
专业技能	物流运输专业知识、技能	A	B	C	D	E
非专业能力	创新力	A	B	C	D	E
关系能力	用人授权能力	A	B	C	D	E
	组织领导能力	A	B	C	D	E
	说服沟通能力	A	B	C	D	E
	社会适应能力	A	B	C	D	E
任务能力	计划决策能力	A	B	C	D	E
	分析预测能力	A	B	C	D	E
	研究开拓能力	A	B	C	D	E
心理素质	心理承受能力	A	B	C	D	E
总分						

评语：

考核人签字：

注：A 表示非常优秀，90 分及以上；B 表示优秀、满足要求，80～89 分；C 表示基本满足要求，70～79 分；D 表示略有不足，60～69 分；E 表示不满足要求，59 分及以下。

对于每一个物流运输客户服务人员，可以每月或者每个季度打分，进行总体分析。到年终进行考核时，对物流运输客户服务人员就可以有一个比较动态的、科学的考核评估，分成

做一做：假设你与你的同桌均为物流运输客户服务人员，按表3-3的要求，你们相互模拟考核一下。

A、B、C、D、E 五个等级。根据被考核配送人员的绩效评估得分、等级确定绩效工资发放比例，并按照年考核次数得出年平均考核得分，按其分数进行年终奖金发放，使得对物流运输客户服务人员的考核与其业绩和经济利益直接挂钩。

经典案例

中国奶业的长途物流运输

牛奶是一种对时效性要求很强的产品，而我国奶源和需求的地区分布严重不均匀是不可改变的现状。对此，中铁长途直线运输解决了牛奶的运输难题。

2003 年 9 月 16 日，"中铁集装箱一号"液态奶集装箱五定班列在呼和浩特铁路货场举行了开通剪彩仪式。至此，伊利、蒙牛两家牛奶大户的草原鲜牛奶，拥有了一条梦寐以求的广州直达铁路专线。

1. 物流需求的召唤

随着市场需求的不断扩大，内蒙古草原上的两家牛奶大户——伊利集团和蒙牛集团的产量连年大幅递增。2002 年，这两家企业销售的牛奶达 60 万吨，相当于 3 万 TEU（国际标准集装箱）的运量。运量的扩大拉动了物流需求，伊利和蒙牛尝试了多种运输方式，把产品组织起来销往全国各地。

把草原鲜奶运往广州、上海、成都及柳州等重要市场，最便捷的途径就是铁路，但在 2002 年之前，伊利运往外地的奶产品有 55%走公路，35%走铁路，10%走海运。然而，根据伊利集团液态奶事业部物流中心一位负责人的估算，"伊利对铁路运力的需求，至少应当在产品总量的 70%以上"。

这位负责人告诉记者，在五定班列没有开通之前，他们经常采取公路—水运联运方式，把鲜奶运往消费地，比如从呼和浩特出发运往天津港，然后再运往沿海各主要城市。"草原鲜奶到广州，直接走陆路一般要 15 天的时间，通过海运中转则要 20 天。"尽管通过先进的包装技术，可以保证鲜奶的鲜度不受影响，但企业的活力显然遇到了难以突破的瓶颈。既耗时又耗力的运输，成了企业发展的最大阻力之一。

据了解，伊利、蒙牛集团之所以没有更多地选择铁路，是由于铁路运输不够畅通，运输时间得不到保证，如果遇上节假日客运高峰，这条线路没准就会断流。此外，随着生产企业物流管理的深化，运输需求进一步细化。过去的铁路运输，无论在箱源、车源调配方面，还是在服务意识、内容和方式等方面，都已不能适应现代企业对综合物流运输服务的需要。

2. 初尝合作的甜头

伴随铁路改革的步伐，铁路集装箱班列适时而动，这给伊利和蒙牛带来了新的生机。

2001 年 11 月，蒙牛集团采纳了中铁集装箱中心货代公司为其设计的物流操作方案，通过不定期的集装箱班列，将鲜奶直接运出草原，铁路方面确保 24 小时承运时限，并对蒙牛的产品实行全程跟踪，每48小时提供一次跟踪信息，随时处理途中出现的各种问题。

时任中铁集装箱运输中心副总经理王庆余说："奶制品五定班列带来了生产企业、铁路部门双赢的效果，企业得到了发展，铁路既可以借机培育自己的品牌，又能以奶制品运输为契机发展综合物流产业，提升铁路服务水平。铁路运输已逐步由计划经济向市场经济过渡，在市场经济中，品牌起着非常重要的作用。奶制品运输的发展潜力非常巨大，培育奶品铁路集装箱运输品牌，将对提升铁路形象，提高市场占有率，起到积极的推动作用。"

2002年，蒙牛、伊利分别与中铁货代签订了物流服务协议。这项合作的开展，使两家牛奶大户降低了运输成本，压缩了奶制品的在途时间，减少了受热、受冻及其他因素可能造成的损失。更重要的是，使它们看到了铁路运输外包的希望。基于这种合作，蒙牛集团开始将部分物流业务外包给铁路运输公司，将精力更多地投入到生产和销售中去，大大提升了企业运营的效率。

尝到了甜头之后，蒙牛集团决定把更多的产品采用铁路集装箱发运，伊利集团也逐步把运输转回到铁路上来。2002年，伊利、蒙牛通过中铁货代代理运输的奶制品，共计6 000TEU。

与此同时，铁路运输的资源也得到了充分开发。中铁货代通过积极参与服务项目的开发，推行全程控制管理，改善服务质量，缩短运输时间，提高生产效率，重新夺回了铁路在货运市场中的占有率。据伊利、蒙牛提供的生产和销售量统计，2002年，伊利、蒙牛在铁路集装箱运输上的运费为3 000万元，今年将达6 000万元。如果五定班列成功开行，2004年这一数字将达到1.2亿元。

未来随着货运量的增加，开通牛奶五定班列的时机进一步成熟。

2003年，伊利、蒙牛从呼和浩特、包头地区组织货源，经铁路集装箱发运到珠江三角洲地区的奶制品运量，平均每周已达到63TEU。而且，两家牛奶大户的生产销售规模还在不断扩大，根据预测，2003年它们的年产量合计将达到100万吨以上，预计年运量需求将达到15 000～20 000TEU。

当时的运量已完全能支撑每周开行两列五定班列，加之背后拥有不断扩大的市场需求，由呼和浩特开往广州的"中铁集装箱一号"可谓水到渠成。9月4日，铁路部门正式确定，由呼和浩特到广州的鲜奶集装箱班列每周二、周五在呼和浩特各发一班，抵达广州江村编组站。以前在旅途中颠簸15天的鲜奶，现在只需98小时就可以抵达广州。

从内蒙古草原产出的鲜牛奶，终于拥有了一条南北直通的铁路新干线。而这条新干线的开通，给合作双方带来了新的启示。

对于伊利、蒙牛来说，这条新干线的意义在于，生产商可以更加合理地安排生产和发运，在使运输简单化的同时做到心中有数；经销商可以随时掌握货物的运输情况和运输时间，以便合理地安排订货和使用资金，不至于造成市场断货或者资金周转不灵。

　　而对于铁路部门来说，这次班列的意义是将铁路服务延伸。对此，王庆余表示：未来铁路将是多种运输手段的集合、多种作业方式的集约、多种运行系统的协调和多种服务手段的配套，可以满足城市的多种需要，最终形成能够提供综合物流服务的联合体，在即将到来的物流时代真正发挥出铁路的优势。

（资料来源：https://www.51test.net/show/1529465.html. 有改动）

3.3　物流配送客户服务

3.3.1　物流配送客户服务的内容

　　物流配送最基本的职能是送货，这种送货是一种固定的形态，甚至是一种有确定组织、确定渠道、有装备和管理力量、技术力量、有一套制度的体制形式。

　　物流配送是物流中心作业最终及最具体直接的服务体现，主要服务内容如下。

　　（1）制订配送计划

　　给客户制订配送计划的主要目的就是让客户了解在充分利用有限资源的前提下，客户所能得到的服务水平。通过 GPS 实时掌握车辆的位置，通过线路优化，提供可预见的配送方案，解决客户的后顾之忧。在制订了初步的配送计划后，一定要与客户进行沟通，请客户充分参与意见，共同完善配送计划，并且应该让客户了解其现有的各项作业环节在未来操作时可能出现的各种变化情况，以免客户的期望与具体操作产生重大的落差。

　　（2）货物的送达作业

　　将货品完好无损地送达目的地与配送人员的品质有很大关系。于配送而言，要保证货物送达的可靠性，其关键原则在于：①装卸货时的细心程度；②运送过程中对货品的保护；③对客户地点及作业环境的了解；④配送人员的职业道德。如果配送人员能随时注意这几项原则，货品必能以最好的品质送到客户手中。

　　（3）应急处理

　　配送主要是要让顾客觉得方便，因而对于客户点的送货计划，应采取较弹性的系统，具备较强的应急处理能力，如紧急送货、信息传送、顺道退货、辅助资源回收等。

　　（4）降低配送成本

　　满足客户的服务需求，不仅品质要好，价格也是客户重视的要素。因而如果能让配送中心本身运作有效率，成本控制得当，自然对客户的收费也能较低廉，也就更能以经济性来抓住客户了。这就要求物流配送客户服务人员有效地利用分拣、配货等理货工作，使配送达到一定规范，利用规模优势取得较低的送货成本，配送部的服务以客户的要求为出发点，使配送真正从客户利益出发，按客户要求进行。

（5）与顾客有效的沟通

由于配送人员是将货品交到客户手中的负责人，也是客户最直接接触的人员，因而其表现出的态度、反应会给予客户深刻的印象，无形中成为公司形象的体现，因而配送人员应该与顾客做良好的沟通，且具备良好的服务态度，如此必能维护公司的形象，并巩固客户的忠诚度。因此，要与客户进行有效的沟通，客户的建议和意见是企业持续提高的动力。

总之，在具体业务操作上，要取得良好的配送服务质量，需要客户与配送部门密切配合，而不是单纯某一方的责任。

> **练一练：** 以小组为单位，用接龙的方法口述物流配送客户服务的全过程。

3.3.2 物流配送客户服务的考核

配送服务指标主要有如下几条。

（1）配送及时率

配送及时率指在合同约定的时限内完成的配送单数占所有下达的配送单数总量的比率。送货清单上客户签收时间与配送方接收配送单据的时间间隔，不得大于合同约定时限（或称"送货及时率"）。

配送及时率指标在现在更为重要，因为产品物流中，买方经常会与仓库或商店约好送货时间。当前企业采用的零库存计划对供应商交货时间的"窗口"限时更窄。总之，当今对配送及时率要求较高，今后还会越来越高。

（2）完好交货率

完好交货率指完好无损交付货物数量和配送货物总量的比率，也可以用产品破损率（产品运输过程中的破损数量占总运输量的百分比）来衡量。

完好交货是所有物流系统的最终目的，物流功能是销售功能的终点。如果货物到达时受损或丢失，客户就不能按期望使用，从而加重客户方面的成本负担以及存货、生产和营销成本。如果所收到的货物是受损的货物，就会破坏客户的销售或生产计划，这会产生缺货成本，导致利润或生产损失。因此，不安全的交货会使买方发生较高的存货成本或利润和生产损失。这种状况对致力于实施一定程度的零库存计划以尽量减少存货的企业是不能接受的。

（3）回单回收率

考核承运方每月回单是否能按时完好地回收。

（4）信息及时准确率

信息及时准确率包括回单回收、信息系统维护和单据报表传递的及时准确程度，综合衡量配送方在信息传递方面的服务质量。

（5）客户满意度

客户满意度主要是从客户的有效投诉次数进行考评，另外还从总体运作质量、服务意识和服务态度等方面进行综合考虑（或客户投诉次数：客户因运输质量或服务态度等原因而发起的投诉次数）。

（6）其他服务指标

根据不同客户的运作情况，还有车辆及时到厂率（按照订单要求按时到达工厂装货）、配送准确率（准确执行订单的产品、数量及地点）、订单完成率（按时完成的订单数量占总订单的比率）、紧急订单响应率（未超过 12 小时出货的订单数占同期订单总数的百分比）、应急反应（意外或特殊情况出现时，及时反应及解决问题的能力）等。

另外，在整个配送环节中，配送部一般采用关键服务指标作为业务表现的衡量工具，并向其所有长期业务伙伴提供这些指标。物流配送部关键绩效考核指标如表 3-4 所示。

表 3-4 物流配送部关键绩效考核指标

序号	KPI 指标	考核周期	指标计算公式
1	配送计划达成率	月/季/年度	实际完成的配送数量/计划完成的配送数量
2	管理费用控制率	月度	当月实际部门管理费用/当月计划部门管理费用
3	平均配送费用	月度	月配送费用总额/月平均配送量
4	平均装卸成本	月/年度	装卸总成本/装卸货物总量
5	紧急订单响应率	月度	未超过 12 小时出货的订单数/同期订单总数
6	库存盘点账实相符率	月/年度	库存盘点账实相符金额/实际库存盘点物资总额
7	货损货差率	季/年度	货损货差数量/同期配送货物数量
8	车船满载率	月度	车船实际装载能力/车船装载能力
9	送货准时率	月/季/年度	按时送货次数/送货总次数

经典案例

沃尔玛的物流配送运作

一、背景介绍

沃尔玛公司的总部在阿肯色州的一个小城市本顿维尔，本顿维尔市现在人口大约是 2.5 万人。沃尔玛的最早创始人山姆·沃尔顿在 1962 年开设了第一家沃尔玛商店，而配送中心一直到 1970 年才成立，现在沃尔玛的配送中心已经有了 50 年的历史，第一配送中心供货给 4 个州 32 个商场。沃尔玛的总部就在这个配送中心之中，沃尔玛公司的总部也就是沃尔玛第一配送中心。在不断增长扩大的过程中，沃尔玛虽然也建立了一些新的配送中心，但是沃尔玛的总部仍然是在阿肯色州本顿维尔市的配送中心。

目前，美国有 2 300 多家沃尔玛商场。沃尔玛商场是一个比较常规的、提供商品的商场，它以比较低廉的价格给人们提供日用品。除了商场之外，沃尔玛还有一类沃尔玛超级中心，这是在过去十几年中才开发出来的。这些超级中心是由规模较大的商场及附近一些小的副食店加在一起而形成的。它有一些比较常规的日常用品，同时也卖一些食品。将这些结合在一起，沃尔玛就可以为顾客提供一站式的消费服务。这样，顾客来到这里在一个商场中所有东西都可以买到，这是沃尔玛业务增长的一个模式。在中国是这样，在国际上的其他国家或地区也是这样，而且沃尔玛认为美国未来的商场也应当是这样的，现在沃尔玛在美国新开的商场都是这种超级中心。

从国际范围讲，沃尔玛在阿根廷、巴西、加拿大、中国、德国、韩国、墨西哥、波多黎各、英国都有很多店铺。沃尔玛1999年在物流方面的投资是1 600亿美元，因为业务还要继续增长到1 900亿美元，所以在物流方面的投资也要同时增长，因此沃尔玛将从现有的销售额中提取250亿美元，非常集中地用于物流配送中心建设。我们只要对沃尔玛的发展情况进行了解，就会明白物流配送在沃尔玛公司中的重要性，就会明白为什么沃尔玛要花费很大的精力在物流方面进行投资。

二、配送中心

沃尔玛的集中配送中心是相当大的，而且都位于一楼。配送中心之所以都在一楼，是因为沃尔玛希望产品能够流动，希望产品能够从一个门进另一个门出。如果有电梯或其他物体，就会阻碍流动过程。因此，沃尔玛都是以一个非常巨大的地面建筑作为配送中心。沃尔玛使用一些传送带，让这些产品能够非常有效地流动，对它们的处理不需要重复进行，都是一次性的。采用传送带，运用无缝连接形式，就可以尽可能降低成本。沃尔玛所有的系统都是基于一个 UNIX 的配送系统，并采用传送带，采用非常大的开放式的平台，还采用产品代码，以及自动补发系统和激光识别系统，所有的这些加在一起为沃尔玛节省了相当多的成本。

沃尔玛配送中心的职能如下。

1）转运。沃尔玛把大型配送中心所进行的商品集中以及转运配送的过程称为转运，大多是在一天当中完成进出作业。

2）提供增值服务。沃尔玛配送中心还提供一些增值服务，例如在服装销售前，需要加订标签，为了不损害产品的质量，加订标签需要在配送中心采用手工进行比较细致的操作。

3）调剂商品余缺，自动补进。每个商品都需要一定的库存，比如软饮料、尿不湿等。在沃尔玛的配送中心可以做到这一点，每一天或者每一周它们根据这种稳定的库存量的增减来进行自动的补进。这些配送中心可以保持8 000种产品的转运配送。

4）订单配货。沃尔玛配送中心在对于新商场开业的订单处理上，采取这样的方法：在这些新商场开业之前，沃尔玛要对这些产品进行最后一次的检查，然后运输到这些新商场，沃尔玛把它称为新商场开业的订单配货。

三、沃尔玛配送体系的特色

沃尔玛公司作为全美零售业年销售收入位居第一的著名企业，素以精确掌握市场、快速传递商品和最好地满足客户需要著称，这与沃尔玛拥有自己庞大的物流配送系统并实施了严格有效的物流配送管理制度有关，因为它确保了公司在效率和规模成本方面的最大竞争优势，也保证了公司顺利地扩张。

沃尔玛现代化的物流配送体系表现在以下几个方面。

1）设立了运作高效的配送中心。从建立沃尔玛折扣百货公司之初，沃尔玛公司就意识到有效的商品配送是保证公司达到最大销售量和最低成本的存货周转及费用的核心，而唯一使公司获得可靠供货保证及提高效率的途径就是建立自己的配送组织，包括送货车队和仓库，配送中心的好处不仅使公司可以大量进货，而且可以要求供应商将商品集中送到配送中心，再由公司统一接收、检验、配货、送货。

2）采用先进的配送作业方式。沃尔玛在配送运作时，大宗商品通常经铁路送达配送中心，再由公司卡车送达商店。每店每周收到1～3卡车货物，60%的卡车在返回配送中心的途中又捎回沿途从供应商处购买的商品，这样的集中配送为公司节约了大量的资金。

3）实现配送中心自动化的运行及管理。沃尔玛配送中心的运行完全实现了自动化。每种商品都有条码，通过几十公里长的传送带传送商品，激光扫描器和电脑追踪每件商品的储存位置及运送情况，每天能处理20万箱的货物配送。

4）具有完善的配送组织结构。沃尔玛公司为了更好地进行配送工作，非常注意从自己企业的配送组织上加以完善。其中一个重要的举措便是公司建立了自己的车队进行货物的配送，以保持灵活性和为一线商店提供最好的服务。这使沃尔玛享有极大竞争优势，其运输成本也总是低于竞争对手。

四、沃尔玛物流配送体系的运作

1）注重与第三方物流公司形成合作伙伴关系。在美国本土，沃尔玛做自己的物流和配送，拥有自己的卡车运输车队，使用自己的后勤和物流方面的团队。但是在国际上的其他地区沃尔玛就只能求助于专门的物流服务提供商了，飞驰公司就是其中之一。飞驰公司是一家专门提供物流服务的公司，它在世界上的其他地区为沃尔玛提供物流方面的支持。飞驰公司成为沃尔玛大家庭的一员，并百分之百献身于沃尔玛的事业，飞驰公司同沃尔玛是一种合作伙伴的关系，它们共同的目标就是努力做到最好。

2）挑战"无缝点对点"物流系统。在物流方面，沃尔玛尽可能降低成本。为了做到这一点，沃尔玛为自己提出了一些挑战，其中的一个挑战就是要建立一个"无缝点对点"的物流系统，能够为商店和顾客提供最迅速的服务。这种"无缝"的意思指的是，使整个供应链达到一种非常顺畅的链接。

3）自动补发货系统。沃尔玛之所以能够取得成功，还有一个很重要的原因是沃尔玛有一个自动补发货系统。每一个商店都有这样的系统，包括在中国的商店。它使得沃尔玛在任何一个时间点都可以知道，目前某个商店中有多少货物，有多少货物正在运输过程中，有多少是在配送中心等。同时补发货系统也使沃尔玛可以了解某种货物上周卖了多少，去年卖了多少，而且可以预测将来的销售情况。

4）零售链接系统。沃尔玛还有一个非常有效的系统，叫作零售链接系统，可以使供货商们直接进入到沃尔玛的系统。任何一个供货商都可以进入这个零售链接系统中来了解他们的产品卖得怎么样，昨天、今天、上一周、上个月和去年卖得怎么样，可以知道这种商品卖了多少，而且可以在 24 小时内就进行更新。供货商们可以在沃尔玛公司每一家店当中，及时了解到有关情况。

五、骄人的业绩

2001 年、2002 年，沃尔玛连续成为美国公司 500 强的榜首。沃尔玛公司不仅成为零售业的奇迹，而且成为世界经济的奇迹。美国沃尔玛之所以能取得如此好的成绩，与它的物流运作体系是分不开的。

1）有统一明确的配送目标。沃尔玛配送各部门各职员都能根据自己的任务准确高效地完成作业，并向下一作业环节推进，不管是人工作业还是自动化作业，整个流程协调一致形成一个有机整体共同完成配送任务。

2）配送体系有高度的灵活性。沃尔玛的配送体系能利用信息系统的配送数据进行预测，能实现多品种、少批量商品的及时送达，并注意减少库存，节约物流费用，实现效益最大化。

3）沃尔玛的物流配送运作值得我们学习。其一是使现代物流观念深入员工之心的做法；其二是物流配送的系统性思维及其运用方式；其三是时刻为顾客着想的服务理念。

（资料来源：https://www.51test.net/show/529615.html. 有改动）

3.4 物流流通加工客户服务

物流流通加工客户服务的主要内容包括如下几方面。

1）为弥补生产领域加工不足的深加工。这种流通加工实际上是生产的延续，是生产加工的深化，对弥补生产领域加工的不足有重要意义。

2）为满足需求多样化而进行的服务性加工。这种流通加工对于用户而言，可省去烦琐的预处置工作，集中精力从事较高级的、直接满足需求的劳动。

3）为保护产品所进行的加工。这种流通加工是为防止产品在运输、储存、装卸、搬运和包装等过程中遭到损失而进行的，主要采取稳固、改装、冷冻、保鲜和涂油等方式。

4）为提高物流效率、方便物流的加工。这种加工是指对一些产品本身的形态难以进行物流操作而进行的加工。

5）为促进销售的流通加工。这种流通加工不改变"物"的本体，只进行简单改装的加工，或者是组装、分块等深加工。

6）为提高加工效率的流通加工。这种流通加工以集中加工的形式，解决单个企业加工效率不高的问题。

7）为提高原材料利用率的流通加工。这种流通加工利用其综合性强、用户多的特点，实行合理规划、合理套裁、集中下料的办法，提高原材料的利用率，减少浪费。

8）衔接不同的运输方式，使物流合理化的流通加工。这种流通加工可以解决大批量、低成本、长距离干线运输，多品种、少批量、多批次末端运输和集货之间的衔接问题。

9）以提高经济效益、追求企业赢利为目的的流通加工。这种流通加工是在满足生产和消费要求的基础上取得利润，同时在市场和利润的引导下使流通加工在各个领域能有效地发展。

10）生产流通一体化的流通加工。这种流通加工依靠生产企业与流通企业的联合，或者生产企业涉足流通企业，形成对生产与流通加工的合理分工、合理规划、合理组织，统筹进行生产与流通加工的安排。

练一练：以小组为单位，用接龙的方法口述物流流通加工客户服务的全过程。

做一做：读读下面的知识，去超市逛逛，仔细对照一下。

小知识

食品的流通加工

食品的流通加工的类型有很多。只要我们留意超市里的货柜就可以看出，那里摆放的各类洗净的蔬菜、水果、肉末、鸡翅、香肠、咸菜等都是流通加工的结果。这些商品的分类、清洗、贴商标和条形码、包装、装袋等是在摆进货柜之前就已进行了加工作业，这些流通加工都不是在产地，已经脱离了生产领域，进入了流通领域。食品流通加工的具体项目主要有如下几种。

1）冷冻加工。为了保鲜而进行的流通加工，为了解决鲜肉、鲜鱼在流通中保鲜及装卸搬运的问题，采取低温冻结方式的加工。这种方式也用于某些液体商品、药品等。

2）分选加工。为了提高物流效率而进行的对蔬菜和水果的加工，如去除多余的根叶等。农副产品规格、质量离散情况较大，为获得一定规格的产品，采取人工或机械分选的方式加工称为分选加工。这种方式广泛用于果类、瓜类、谷物、棉毛原料等。

3）精制加工。农、牧、副、渔等产品的精制加工是在产地或销售地设置加工点，去除无用部分，甚至可以进行切分、洗净、分装等加工，可以分类销售。这种加工不但大大方便了购买者，而且还可以对加工过程中的淘汰物进行综合利用。比如，鱼类的精制加工所剔除的内脏可以制成某些药物或用作饲料，鱼鳞可以制成高级黏合剂，头尾可以制成鱼粉等；蔬菜的加工剩余物可以制成饲料、肥料等。

4）分装加工。许多生鲜食品零售起点较小，而为了保证高效输送出厂，包装一般比较大，也有一些是采用集装运输方式运达销售地区。这样为了便于销售，在销售地区按所要求的零售起点进行新的包装，即大包装改小包装，散装改小包装，运输包装改销售包装，以满足消费者对不同包装规格的需求，从而达到促销的目的。

此外，半成品加工、快餐食品加工也成为流通加工的组成部分。这种加工形式，节约了运输等物流成本，保护了商品质量，增加了商品的附加价值。如葡萄酒是液体，从产地批量地将原液运至消费地配制、装瓶、贴商标，包装后出售，既可以节约运费，又安全保险，以较低的成本，卖出较高的价格，附加值大幅度增加。

分析　1）对食品进行流通加工，其作用体现在哪些方面？

　　　　2）与生产加工相比，流通加工有何特点？

小　结

对于现代物流企业来说，通过采取有效的措施、科学的方法向客户提供完善的服务，既是现代制造业和商业发展对物流服务商提出的客观要求，也是物流服务商积极加入市场竞争的必然结果。

本单元主要从物流仓储、物流运输、物流配送及物流流通加工四个方面介绍物流客户服务的内容。分别阐述了物流仓储、运输、配送及流通加工客户服务的主要内容以及关键的考核指标。

练 习 题

一、名词解释

仓储　　运输　　配送　　流通加工

二、填空

1. 仓储的基本功能是_____、_____、_____、_____。

2. _____、_____、_____、_____是仓储的增值服务功能。

3. 仓储客户服务的考核要求是_____与_____。

4. _____、_____是运输提供的两大主要功能。

5. 运输服务指标的"五率一度"是：_____、_____、_____、_____、_____与_____。

6. 配送服务指标的"五率一度"是：_____、_____、_____、_____、_____与_____。

7. _____、_____、_____是流通加工的三大功能。

三、问答

1. 物流运输客户服务的要素有哪些？

2. 怎样选择物流运输客户服务提供商？

3. 物流配送客户服务的基本功能有哪些？

4. 论述仓储、运输、配送以及流通加工在物流中的作用。

四、课堂实训

目的：掌握进行物流仓储、运输、配送及流通加工客户服务的能力。

任务：用角色扮演法模拟物流客户服务人员进行物流服务工作过程。

五、课外实践

目的：树立正确的客户服务观念，培养良好的客户服务情感，掌握快捷的客户服务技巧。

任务：参观物流企业，观察学习物流客户服务人员进行物流仓储、运输、配送及流通加工客户服务的工作过程，并尝试体验。

六、综合模拟仿真实践

1. 实践目标

灵活运用所学书本知识，解决日常生活工作中所存在的问题，锻炼学生的动脑分析能力、动手操作能力，培养团队合作精神，体现职业教育特征。

2. 实践内容

用本单元学习的知识，每组完成下面订单的填写（表 3-5），并流转订单，完成订单的处理。

表 3-5 物流订单

件数	日期	实际重量	体积/重量	物品名称	备注

发件公司		发件人		收件公司		收件人	

地址	地址

内件说明			其他约定事项	
□文件	□物品	□其他	□需保险	□无需保险

电话	手机	电话	手机

□预付	□到付	□会员月结	□客户自取

服务方式	国际快递	国内快递	国际快运	国内快运	空运	货运	打包托运	特急件	仓储

3．岗位角色

全班学生分组，每组 2～3 人。

4．模拟步骤

1）各小组讨论。

2）各小组制订出行动方案。

3）各小组按方案完成作业。

4）教师进行评价并和学生共同为各小组打分。

5．注意事项

1）学生分组时要合理搭配。

2）小组成员要相互配合，充分发挥团队精神。

3）学生必须遵守纪律，听从指挥，讲文明，懂礼貌，表现出良好的综合素质。

6．作业展示及点评

填写考核评分表，如表 3-6 所示。

表 3-6　考核评分表

考评人		被考评人	
考评地点		考核时间	
考评内容		校内（校外）实践	
考评标准	具体内容	分值/分	实际得分
	讨论情况	20	
	方案设计情况	30	
	任务完成情况	30	
	实践报告完成情况	20	
	合计	100	

注：考评满分为 100 分，60～74 分为及格，75～84 分为良好，85 分及以上为优秀。

拓展阅读：中外运全心

全意为物流客户服务

单元 4 物流客户关系管理

● **知识目标**

    1. 了解客户关系管理的含义。

    2. 掌握客户关系管理的内容。

    3. 了解客户关系管理的作用。

    4. 了解物流客户关系管理的含义和特点。

    5. 掌握物流客户关系管理的原则与内容。

● **能力目标**

    1. 认识物流客户关系管理的实施步骤，能够维系物流企业客户关系管理。

    2. 掌握物流客户关系开发的方法，能够利用物流服务促销的手段来开发与巩固物流客户。

● **情感目标**

    1. 树立正确的客户关系管理理念。

    2. 培养良好的客户关系情感。

令人惊叹的 UPS

UPS 是一家大型的国际快递公司，它除了自身拥有几百架货物运输飞机之外，还租用了几百架货物运输飞机，每天运输量达 1 000 多万件。UPS 在全世界建立了 10 多个航空运输的中转中心，在 200 多个国家和地区建立了几万个快递中心。UPS 公司的员工达到几十万，年营业额可达到几百亿美元，在世界快递行业中享有较高的声誉。

UPS 公司是从事信函、文件及包裹快速传递业务的公司，即它是从事某些物品运输的公司。那么，作为物流领域的专业公司，UPS 在客户关系管理方面是怎么做的，客户关系管理给 UPS 带来的又是什么？

拥有 100 多年历史的 UPS，对客户关系管理的概念有着它自己的定位。UPS 认为，最重要的是让已经拥有的客户感到 100%的满意。而为了实现这句说起来很简单的话，UPS 每年都要在技术上投入十几亿美元的资金。

每天，UPS 在全球各地的天上地下，平均会有千万件大大小小的包裹在传递。而让人惊叹的是，作为 UPS 的客户，其中的任何一个包裹都可以随时通过 UPS 来查询，UPS 会告诉你它在什么地方，处于什么样的状态。这原本是 UPS 为了自己精良运作而不惜血本建立的，但是 UPS 会给自己的客户送上一台专用的 PC（个人计算机），让客户从把包裹交给 UPS 的那一刻起，就可以看着它传递到接收者手中。显然，这种业务运行的透明化，是 UPS 获取客户满意度的重要手段。而在其背后，则是不被客户所知的，位于美国本土的世界上数一数二的巨大"动态数据处理中心"。

这个数据中心当然不仅仅是用来给客户查包裹的。实际上，每一个客户每一次的交易都被记录了进去，进入了 UPS 自己建立的 ICRS（国际顾客关系管理系统）。

UPS 对客户信息的收集也很有特点，比如：一个新顾客下了一个订单，UPS 去送账单的时候就会首先记录客户的基本信息，并且建立一个客户档案，以后一旦需要，计算机会自动生成报告，很清楚地告诉 UPS，这个顾客每个月花了多少钱在邮包寄送方面，而这些钱里面包括了多少件邮包。几个数据一交叉，就会产生一系列复杂的客户信息，比如，UPS 借此就知道客户一般寄的邮包有多重，一般要求的时间是几天，主要的寄送对象在什么地方，甚至包裹里面是什么类型的物品也可以知道。而且，根据企业客户与 UPS 结账的时间来看，竟然还可以分析客户的财务运转状况。

UPS 当然不会拿着这些宝贵的客户信息看着玩，这些信息都对 UPS 的服务有直接的指导作用。比如在 ICRS 中发现，这个客户是自己比较稳定的客户，那么 UPS 就会把一个与 UPS 直接连接的 PC 送上门去。这样，客户以后每次寄东西都不用打电话了，打开电脑 5 分钟就解决了。对客户来说这是极为方便的，而对 UPS 来说，更是一种省力的管理手段，因为从一开始，这些信息就是数字化和规范化的。

这些客户信息，同时还支撑着 UPS 最强大的一个独门武器——客户贷款服务。在商业领域，发货人发货以后最关心的是什么？当然是把钱尽快收回来投入再生产。但是在没有收到货物之前，对方又不会付款，这对不少中小企业来讲是很要命的一件事情。

UPS 看到这个问题，就凭借自己大量的闲置资金和对客户的足够了解，来提供特别的服务。假如 A 公司在 UPS 内部被划定了很高的信用级别，UPS 就可以在收到货品，而 A 公司运费还没给的时候，先掏钱付清货款。这样客户当然高兴，而 UPS 也没什么可怕的，因为它太了解自己的客户了。最后，UPS 不但把客户紧紧地留在了身边，而且还多收到了一笔额外的贷款服务费，皆大欢喜，何乐而不为呢？甚至，UPS 还有自己控股的银行，许多客户在资金方面的需求，UPS 都可以满足。而这一切，都离不开 UPS 的 ICRS 的支持。

UPS 中国董事、总经理陈学淳说：我们认为与客户的关系就是要做到你中有我，我中有你；毕竟没有一个顾客是做了这次，然后一辈子跟 UPS 就不是顾客的关系了。这种客户关系管理的思想，不是 UPS 靠买软件得来的，是我们靠 100 多年的历史沉淀和摸索得来的。

UPS 能够做到这些，显然与其强大的 IT（信息技术）能力直接相关。有意思的是，以前，UPS 称自己是一个物流公司，但是拥有强大的 IT 能力。近几年，这种说法已经倒过来了。UPS 开始自称是一个 IT 公司，但是拥有强大的物流能力。而今天，UPS 说得最多的是："我们要做世界商业的赋能者，来赋能全球的贸易活动。"这句话虽然很短，但是却把 UPS 的能力充分体现了出来。

其实，UPS 之所以能够把服务拓展到物流之外，功夫还是在物流之内，还是在对客户的了解上。

（资料来源：http://www.doc88.com/p-70729005704246.html. 有改动）

案例解析　UPS 之所以能够把服务拓展到物流之外，功夫还是在物流之内，还是在对客户的了解上。

案例思考　1）作为物流领域的专业公司，UPS 在客户关系管理方面是怎么做的，客户关系管理给 UPS 带来的又是什么？

2）UPS 中国董事、总经理陈学淳说："……这种客户关系管理的思想，不是 UPS 靠买软件得来的，是我们靠 100 多年的历史沉淀和摸索得来的。"这句话对中国绝大多数企业来讲，有何借鉴意义？

4.1 客户关系管理概述

客户关系管理是一种现代的经营管理理念。

4.1.1 客户关系管理的含义

客户关系管理，英文是 customer relationship management，简称 CRM。它是一种旨在改善企业与客户之间关系的新型管理机制，实施于企业的市场营销、销售、服务与技术支持等与客户相关的领域。利用客户关系管理系统，企业能搜集、跟踪和分析每一个客户的信息，从而知道什么样的客户需要什么样的产品和服务，真正做到一对一营销，同时还能观察和分析客户行为对企业收益的影响，使企业与客户的关系及企业利润得到最优化。

客户关系管理，从字面上理解是很容易产生歧义的。因为"关系"一词，在中国是有特殊含义的，难道客户关系管理软件真是用来管理"关系"的吗？显然不是这样的。实际上，简单地讲，客户关系管理软件是一种用来专门处理所有与客户相关的商务事项的工具。它包括客户的开发、维护、服务，营销活动、销售预测、销售报价、销售订单等，涵盖了与客户交往的各个环节。具体地说，客户关系管理包括三个方面：客户、关系、管理。

1. 客户

所谓客户，就是挖掘最有价值和潜力的客户。每一个公司在成长的过程中，都有几百、几千甚至更多的客户，然而永远会有与你做一次生意的客户，也会有准备与你进行生意的客户，更会有忠诚的客户，但是是否对公司能够产生价值（利润）、产生多大的价值（多大的利润）是每一个公司都在思考的，同时，每一个公司都期望追求利益最大化，所以，我们就要考虑如何把潜在客户与成交客户挖掘成为最有价值的客户。

2. 关系

所谓关系，就是与之形成满意的、忠诚的、战略型的伙伴关系。商业交往中，关系的发展与形成是一个重要的过程，你一定会有点头之交的客户，也会有产生客户投诉与不满的客户，还会有对你公司非常满意的客户。在这些客户中，凭关系的发展来看，点头之交以及投诉的客户对你公司的忠诚度相对是偏低的，所以不可能与你共同发展成你有什么新产品，他就会用你的新产品的地步。商业竞争中越来越多的塑造品牌，其实就是企业发展的过程中，与客户建立忠诚度的一种体现。所以，全面提升客户满意度，树立企业品牌形象，建立忠诚的客户群，形成战略型的伙伴关系是企业发展的必然趋势。

3. 管理

所谓管理，就是实现客户价值和企业利润最大化的体现。管理是系统的概念，企业的发展离不开管理，客户的发展也离不开管理，因为管理才能规范化，才能出效益，才能实现客户价值，给企业带来利润最大化。所以，管理是实现客户价值和企业利润最大化的体现。

综上所述，客户关系管理就是挖掘最有价值的客户，与之形成全面满意的、忠诚的、战略型的伙伴关系，从而实现企业利润的最大化。

4.1.2　客户关系管理的内容

CRM 本身是一种管理方法，其主要范围包括销售自动化（sales automation，SA）、营销自动化（marketing automation，MA）、客户服务与支持（customer service and support，CS&S）、商务智能（business intelligence，BI）等。

1. 销售自动化

CRM 的销售自动化部分具有以下功能。

1）现场销售。主要是为了方便现场销售人员在远离公司的时候，利用便携式计算机或掌上电脑及时与公司取得联系，以便能进行及时地提交客户的现场订单、接受新的任务、查询客户信息等活动。

2）电话销售与网络销售。一般需要通过这两项功能来建立销售订单。CRM 强调与客户交流渠道的多样性，这样不仅为客户提供方便，还可以扩大与客户交流的机会。因此，呼叫中心成为一项较为常用的功能，并逐渐提升为交互中心，它具有处理多种渠道的能力。

3）客户管理。客户管理包括现有客户管理、潜在客户管理。公司各个部门所获得的客户信息能够以集成的方式存放在公司的数据库中，并且能够分析和有效利用这些信息来改善与客户的关系，以便吸引更多的客户。

4）佣金管理。可以准确地考核员工的业绩，提供客观的数据；同时，也可灵活地设置佣金的提成方法，并且依据佣金的提成方法计算出每个销售人员的佣金数额。

5）日历日程表。利用企业现有的内部网和外部网，实现对每个员工的工作安排。

2. 营销自动化

营销自动化是销售自动化的补充。它是通过营销计划的编制、执行和结果分析、清单的产生和管理、预算和预测、资料管理、建立产品定价和竞争等信息的知识库，提供营销的百科全书，进行客户跟踪，分销管理，以达到营销活动的目的。CRM 中的营销自动化的主要功能有以下几点。

1）营销活动管理。记录各项营销活动的有关项目信息，如地点、开始日期、任务进度、责任人等。

2）营销百科全书。为公司提供有关产品的定价、性能、竞争等信息。

3）网络营销。

4）日历日程表。

3. 客户服务与支持

客户服务与支持是客户关系管理中的重要部分，它是通过呼叫中心和互联网来实现的。这样也便于产生客户的纵向及横向销售业务。客户服务与支持的功能一般包括如下内容。

1）产品安装的跟踪。

2）服务合同管理。预设各种服务合同的样本，规定服务条件、服务方式等的各项内容，并可与销售管理相联系，开出发票。

3）求助电话管理。对于客户的求助电话，按照优先权规则进行及时处理，分派服务人员，并记录求助所需配件与人工等。

4）退货和检修管理。

5）投诉管理和知识库。记录客户投诉的有关内容，利用知识库解决一些常见的问题。

6）客户关怀。对客户的满意度、销售额、忠诚度、利润贡献进行分析，然后根据分析结果制订客户关怀计划。

7）日历日程表。

4. 商务智能

当销售自动化、营销自动化及客户服务与支持三方面的功能实现之后，将会产生大量客户和潜在客户的各方面的信息，利用这些信息可以进行分析，以便产生涉及客户关系方面的商务智能方案。在 CRM 中，商务智能包括销售智能、营销智能、客户智能等。它是一种报表生成、分析和决策支持的工具。

4.1.3 客户关系管理的作用

实施客户关系管理在提高企业管理水平和竞争力方面有如下作用。

1）良好的客户关系管理可以使企业获得强大的竞争优势，在同样的销售成本下可以保持较高的市场占有率，且交易成本逐渐降低，获得成本上的领先优势。

2）通过客户资源管理，可以对客户信息进行全面整合，实现信息充分共享，保证为客户提供更为快捷与周到的服务；优化企业的业务流程，把"为客户解决需求"的理念贯彻到企业的所有环节中。

3）客户关系管理创造的资源对公司发展有弥补作用。对于企业来讲，构成分销渠道的大客户企业都有自己的经营目标、方针政策和发展战略，赢得这些成员的大力配合，并确保它们的行为促成公司的发展，可以使公司获得协同效应。

4）可以从客户那里得到更多有关竞争对手的信息，据此合理地定位本企业的产品，从而建立起自己的竞争优势。

想一想：什么是客户？

4.2　物流客户关系管理概述

4.2.1　物流客户关系管理的含义与特点

1. 物流客户关系管理的含义

物流企业实施 CRM 的目的是通过拓宽和加速与客户沟通的渠道和效率，提供更快速、更全面的优质服务来保持和吸引更多的客户；同时也能够对企业业务流程实施全面监控，减少业务流程的运作成本。通过 CRM 观察和分析客户行为对企业收益的影响，使企业与客户的关系及企业盈利都得到最优化。

管理并不是领导者的专利，人人都是管理者；管理也不仅仅局限于商业机构，非营利机构和社会公共部门同样也需要管理。

——琼·马格丽塔博士

物流客户关系管理就是把物流的各个环节作为一个整体，从整体的角度进行系统化客户管理，它包括对企业相关的部门和外部客户业务伙伴之间发生的从产品（或服务）设计、原料和零部件采购、生产制造、包装配送、直到终端客户全过程中的客户服务的管理。它是基于物流、资金流、信息流，通过合作伙伴关系，实现信息共享、资源互动和客户价值最大化，并以此提升企业竞争力的一种管理系统。它并不是指单纯的管理软件和技术，而是融入企业经营理念、生产管理、市场管理和客户服务等内容的管理方法。

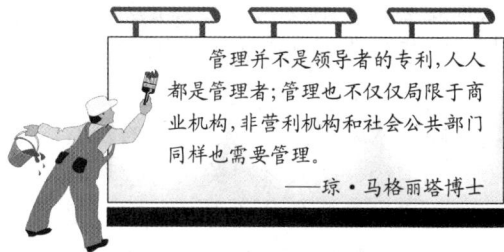

2. 物流客户关系管理的特点

（1）客户的双向性

物流企业与传统企业有很大不同，第三方物流企业既非生产方，又非销售方，而是对从生产到销售的整个流通过程中进行服务的第三方，物流企业自身不拥有商品，而是为客户提供专门的物流服务。因此，第三方物流企业的客户具有双向性，既是第三方物流企业自身的客户（商品的供应方），又是客户企业的客户（商品的需求方）。客户企业通过第三方物流企业完成他们所有客户服务工作或是其中的一部分。因此，第三方物流公司的客户服务具备两个含义：一是代替客户企业从事客户服务；二是针对客户企业的客户服务。由于其服务具有范围广、环节多、复杂性强的特点，涉及货物运输、存储、装卸搬运、包装、流通加工、配送，物流策略/系统开发、电子资料交换、信息管理，订单履行，产品回收、咨询，承运人选择、运费谈判与支付、代理报关等。每进行一项服务都同时面对至少两个服务对象，也就是介于买者和卖者之间的"第三者"。

（2）持续性

物流客户关系管理是一个持续的过程。物流服务项目还未开始，客户关系管理就已经开始作用于客户，在物流服务过程中，必须做好对客户需求的管理；一旦物流服务不能满足客户要求，客户会将相关信息通过供应链关联企业进行信息传递，从而导致网络客户链条断裂进而出现客户加倍流失的现象。因此，一次服务流程结束以后，应积极组织与客户的沟通、反馈，为下一个服务流程的实施打下坚实的基础。客户关系管理的持续性，便于物流企业与客户建立起长期的合作关系，提升客户的转换成本及锁定客户，利于其与客户的相互沟通和学习，更有效地推动质量、成本、进度控制，持续提升客户满意度和忠诚度。

（3）互动性

随着网络经济和电子商务的发展，借助网站、客户座谈、客户拜访、客户调查等方式和途径，融入客户关系管理系统中，将在物流企业内部、企业与客户和业务伙伴之间建立无缝协作的能力，从而完整地认识、管理与客户之间的所有交互关系，提供与客户沟通的统一平台。企业团队通过对客户的学习，可以深入了解客户的期望和需求，随时评测客户满意度，找准客户满意点与欠满意点，掌握需改进的事宜等，达到不断的自我完善和进步；而客户通过对物流企业的学习，可以了解物流服务项目进展情况，是否与期望的有所偏差，对方对自己的重视程度等，有利于控制自己的需求变更和参与对物流服务项目的管理，实现预期的目标。这样可以有针对性地为客户提供服务，培养客户长期的忠诚度，为企业赢得更多的利润。

4.2.2 物流客户关系管理的原则与内容

1. 物流客户关系管理的原则

（1）双赢性原则

双赢性原则是物流客户关系管理活动的基本原则，也是商务活动生存和发展的基本原则。通过物流客户关系管理的实施，不仅要使物流企业能够从中获得利益，同时使客户也能够获得一定利益。遵循双赢性原则必须做好两个方面的工作：①必须以客户为中心，保护客户的利益；②必须注重企业的公众形象，时时按照公众需求予以调整，得到公众的信任和支持，从而拥有企业的长远利益。反之，为了追求企业利益不惜损害公众利益，是急功近利的短期行为，到头来必然会失去公众的信任和支持，致使企业的利益最终丧失殆尽，这是物流客户关系管理之大忌。

（2）主动性原则

物流企业与客户进行主动的交流沟通是物流客户关系管理的一项重要内容，是维护自身形象、化解矛盾、扩大影响、互通信息的重要手段。能否主动与客户交流沟通，会使物流企业处于完全不同的两种竞争状态。因此，物流企业只有积极主动地与客户交流沟通，才能使沟通的渠道畅通无阻。

（3）个性化原则

个性化原则是指与客户交流沟通的方法应力求独辟蹊径，不落俗套，给人以新鲜的感觉，以适应物流企业所面对的复杂而多变的社会环境。由于每个企业的经营活动内容及客观条件不同，采取的交流沟通方法也不同。所以，面对不同的客户和不同的客户需求，采取适宜的、具有独特个性魅力的交流沟通方法，使客户耳目一新而乐于与之交流沟通，从而吸引更多的客户，维持客户对企业的偏爱。

（4）情感性原则

融洽物流企业与客户之间的关系是物流客户关系管理的行为机制，是一种管理行为。但不意味着这种管理行为是冷冰冰的，没有人与人之间的情感交流。而恰恰相反，在与客户之间关系的协调中除了原则性的矛盾难以沟通外，其他矛盾都是可以通过相互之间的理解和包容得到解决的。这种理解和包容的基础就是感情上的交流和认同。所以在日常商务活动中要注意培养双方的情感，要在尊重客户的同时注重自身的商务职业道德，从而提高企业与客户之间的亲和力。

2. 物流客户关系管理的内容

（1）物流客户识别与管理

进行物流客户管理，首先应当对物流客户进行识别和管理，以支持企业在合适的时间和合适的场合，通过合适的方式，将合适价格的合适产品提供给合适的客户。它的管理流程如下。

1）客户信息资料的收集和分析。它包括物流客户信息的收集、物流客户信息的整理和分类、物流客户信息分析。

① 物流客户信息的收集。物流客户信息的内容包括与内部的上流程与下流程、内部客户与外部客户相关的信息。具体包括的内容有：市场占有情况；价格水平的适应情况；对客户需求的响应情况；客户的投诉和抱怨情况；客户关系状况；处理投诉的时间及质量情况；客户结构变化情况及原因；员工服务态度与技能状况。

② 物流客户信息的整理与分类。物流客户信息是物流客户管理的基础，而收集到的信息大都是零散的，对于这些不规范的信息，必须经过一定的整理加工程序，采用科学方法对收集的信息进行筛选、分类，以便于物流人员利用，从而更好地为客户服务。

③ 物流客户信息分析。该项工作主要整理相关资料，分析谁是企业的客户，分辨谁是一般客户、合适客户和关键客户，它是客户管理的基础；分析客户的需求特征和购买愿望，并在此基础上分析客户差异对企业利润的影响。客户信息分析不能仅仅停

留在对客户信息的数据分析上，更重要的是对客户的态度、能力、信用、社会关系的评价。根据客户信息制订客户服务方案，来满足个性化需求，提升客户价值。

知识链接

物流客户信息的收集程序

物流客户信息的收集程序一般包括：确定收集的范围及目标、制订收集计划、选择收集方法、进行信息收集等。其中最重要的是收集方法的运用。物流客户信息收集按获取方式可分为一般收集方法、现代收集方法及客户调查方法。一般收集方法包括统计资料法、观察法、会议现场收集法、阅读法、视听法等；现代收集方法主要包括网络收集法、数据库收集法；客户调查方法一般采用的方式有电话调查、邮件调查、焦点群体调查等。

2）信息交流与反馈管理。客户管理过程就是与客户交流信息的过程，实现有效的信息交流是建立和保持企业与客户良好关系的途径。客户反馈衡量了企业承诺目标实现的程度，同时便于及时发现为客户服务过程中的问题。

3）服务管理。主要包括：服务项目的快速录入，服务项目的安排、调度和重新分配，订单管理和跟踪，事件和升级，生成事件报告，搜索和跟踪与某一业务相关的事件，问题及解决方法的数据库，服务协议和合同。

4）时间管理。主要内容有：进行日程安排、设计约见、事件安排等。

（2）物流客户满意度管理

物流客户服务是通过物流活动向客户提供及时而又准确的产品递送服务，并为企业的成功做出贡献的行为。客户需求是现代物流的起点和动力，构成了物流服务的市场，同时也是物流企业的获利潜力，而在市场上需求活动的最佳状态是满意。因此，客户满意就是物流企业效益的源泉，而客户满意度管理就成为物流客户管理的中心和根本的出发点。

客户满意度是客户对企业和企业员工提供的产品或服务的直接性综合评价，是客户对客户关怀的认可。不断强化客户满意是客户信任的基础。客户在进行购买之前，心中就已经有了该产品或服务应达到的标准，从而形成期望；在购买产品之后，他们将产品与服务的实际价值与自己的标准比较，从比较中判断自己的满意程度。而客户满意度是客户满意程度的感知性评价指标，它既可表现为如满足、愉快、新奇、惊喜等情绪，也可通过百分比来衡量满意的程度。要使客户满意，就要认识到：客户满意是客户的一种心理状态，是对所要获得的产品或服务的一种主观评价；客户满意状态能否产生，前提是要获得"刺激"，即要接受某种产品或服务；客户满意与否不是针对产品的，而是针对提供产品的组织的。

（3）物流客户的开发

如何开发物流客户是物流客户关系管理的工作重心。物流客户具有一定的特性，一定要根据客户的特征，并结合企业本身的特点，运用市场营销原理，通过建立良好的物流服务体系，进行精确的物流市场定位以及开展多样的物流促销活动等途径来开发物流客户，为企业赢得利润。

1）建立良好的物流服务体系。良好的物流服务体系是开发物流客户的基本途径，它包括物流服务设施配置的优化和完善的物流服务作业体系。

① 优化物流服务设施配置。物流服务设施包括房屋建筑、各类机械设备、运输工具、通信设备及信息系统和网络等。企业在进行设施配置的时候，一定要与物流活动需要、发展目标相适应，同时要考虑能够形成技术和资源优势，达到吸引客户的目的。

② 完善物流服务作业体系。企业在锁定了目标市场之后，要力图通过完善的服务作业体系吸引一部分客户。企业应当建立相应的服务人员管理、服务质量保证和客户投诉处理等规章制度，规范服务作业流程，进行必要的培训以提高员工的整体素质。

2）进行精确的物流市场定位。首先要进行市场细分，即进行精确的物流市场定位，找准物流客户，做到有的放矢，才能有效地开发物流客户；其次结合企业自身实力、产品差异、物流市场需求特点、产品生命周期、市场竞争状况、营销宏观环境等，选择一个或几个或全部细分市场作为自己的目标市场。

3）开展多样的物流服务促销活动。当把物流服务视为产品的时候，对其进行形式多样的促销活动是非常必要的。对物流服务的促销应当明确产品的范围、促销的价值、持续的时间及受益者。物流服务促销可以利用的手段有以下几种。

① 广告。广告具有直观、宣传面广、渗透力强等优点，可以起到传达信息和说服客户的作用。对于物流服务产品的广告宣传来说，应当做到：强调客户将会获得利益而不是技术性的细节；以简洁、准确的表述明确服务的内容、地点、质量和特色；把握承诺的适度性，避免客户产生过高的期望。

② 人员推销。在物流服务产品的促销手段中，人员推销是经常被采用的方法。人员推销具有灵活性、富有人情味、易于沟通等优点，在人员推销的过程中，应当注意：努力与客户建立和发展良好的个人关系；推销人员应当具备一定的专业知识；塑造并维持良好的个人和企业形象。

③ 公共关系。公共关系是由第三者进行的企业或产品的有利报告或展示的促销手段，传播的信息具有一定的新闻性，能够给客户一种权威、公正可靠的感觉，因而往往容易被相信和接受。企业应当重视通过这种方法来塑造企业形象和进行产品宣传。

（4）巩固物流客户

除了寻求新的客户，企业还应重视巩固现有的客户，提高客户的忠诚度。巩固客户的关键就是使客户满意，与客户建立长期的合作关系。巩固客户是一项长期、复杂的任务，物流服务企业可以采用建立物流服务品牌，提高物流客户满意度，开发物流服务新产品，强化内部客户管理及改进物流服务质量等方法来巩固物流客户，培养客户的忠诚度。

1）建立物流服务品牌。建立物流服务品牌是物流企业扩大市场、实现发展的有效途径，对巩固客户具有战略性的意义。企业应当让客户充分理解品牌的含义，让他们确切地知道所选择的品牌对他们意味着什么。同时，运用有效的手段赋予品牌新的活力，维护品牌的地位，提高品牌的知名度。

2）实施忠诚客户计划。忠诚客户计划也称为老主顾营销计划，是对重复购买特定产品或服务的消费者给予回报的计划，通过相互影响的增加价值的关系，以确定、保持和增加来自最佳客户的产出。

3）提高物流客户的满意度。提高物流客户的满意度是巩固客户的关键。其实企业所做的一切都是为了提高客户的满意度。忠诚客户计划应当在了解客户与产品之间的相互影响和客户价值的主要影响因素的前提下进行，可以采用的具体方法包括折扣、赠送礼品、奖品等。

4）开发物流服务新产品。企业所提供的服务不能是一成不变的，应当不断地进行调整，淘汰已经没有市场的产品，完善具有发展潜力的产品，开发客户需要的新产品。能够提供一项新的服务，不但可以为企业带来新的客户，还可以使现有的客户更加忠诚。

5）强化内部客户的管理。员工也是企业的客户，企业要想提高外部客户的忠诚度，首先要做的就是强化内部管理，重视员工的需求，使自己的内部客户——员工满意，进而提高外部客户的满意，以维系外部客户的忠诚，即巩固客户。

4.2.3 物流客户关系管理的实施步骤

（1）明确实施的必要性

虽然 CRM 已经是一种潮流，但并不是每个企业都需要，企业应当根据自己的实际情况进行决策。

1）对于产品单位价值较低、客户终身价值低、规模小、业务流程简单、供应商不多、下游客户明确的企业来说，应用 CRM 不但成本过高，而且收效可能并不显著。

2）对于产品种类多、拥有众多贵宾客户、业务流程中需要处理大量信息、产品持续升级、拥有雄厚资产的企业来说，客户关系管理则是不可缺少的。

（2）做好审查实施基础工作

CRM 是一种工具，作为工具要发挥作用，必须有平台作为支撑。实施 CRM 之前应当对企业的管理水平、运作流程、员工的素质、客户数据库的管理、信息系统结构、客户信息的处理能力等基础条件进行全面的审查。

（3）制定实施的目标

实施 CRM 是一项极其复杂的系统工程，企业应当在认真研究和反复论证的基础上，制定出长期、中期和短期的阶段性目标。

（4）理顺业务流程

理顺业务流程是每一个准备实施 CRM 的企业必须要做的。企业应当着重从现有的营销、销售和客户服务体系进行业务流程的分析，找出存在的问题，以便更有针对性地选择需要的技术。

（5）结构设计

CRM 体系的结构包括：客户支持平台、客户交互平台、企业生产平台及信息技术支持系统。在进行结构设计时，应当充分重视与企业原有的采购、库存、财务等管理系统相契合，实现各系统之间的无缝接口。

（6）全面实施

对许多企业来说，实施 CRM 最困难的不是技术，而是来自企业内部方方面面的阻力。企业可以通过宣传沟通、技术培训等手段，统一全体员工的认识，激励他们投入到变革中去。

（7）绩效评价

在实施 CRM 的过程中，企业还应当适当地对实施进程和实施效果做出准确的评价，并利用评价结果进行纠偏。为此，完善的信息反馈系统就显得尤为重要了。

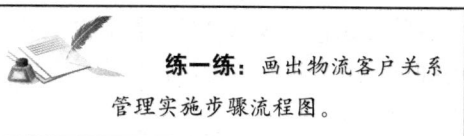

> **练一练：**画出物流客户关系管理实施步骤流程图。

4.3 物流客户关系的开发与巩固

4.3.1 物流客户关系的开发

1. 建立良好的物流服务体系

良好的物流服务体系包括物流服务设施和物流服务作业体系，是开展一切物流活动的基础。由此，只有具备满足物流服务需要的服务设施和完整服务体系，才能更好、更有效地开发物流客户关系。良好的物流服务体系是开发物流客户关系的基本途径。没有良好的服务体系做基础，其他的开发途径是不可能有效展开的。

1）企业要确定物流服务的方向，这是决定企业相应服务设施、人员配置、工作流程、服务规范等的主要因素，在企业进行自身定位时，要综合考虑企业自身实力、服务内容差异、市场需求特点、服务的生命周期、市场竞争状况、市场营销宏观环境等主客观要素，选择一个或几个细分服务市场作为企业的物流服务的方向。

2）企业服务管理人员要编制客户服务流程图，如图 4-1 所示，标明企业和客户的直接接触点，以便发现服务工作中的薄弱环节，采取必要的改进措施，防止出现服务质量问题。

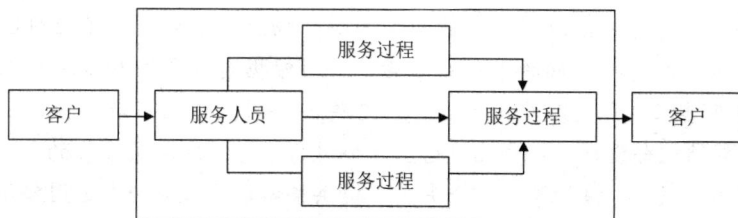

图 4-1 客户服务流程图

从图 4-1 中可以看到，在服务流程中，服务人员主导服务过程，组织管理通过对服务人员管理，使服务过程规范化、全面化，从而使客户满意。

3）企业要寻找适合自己的客户群体。只有合适的客户才能有效地提高企业绩效和降低服务成本，只有合适的客户才是企业的利润之源，只有合适的客户才是企业的动力。

2. 进行准确的物流市场定位

市场越来越复杂，客户的需求越来越广泛，差别越来越大，特别是物流服务市场，服务的形式、内容越来越丰富。企业要把自己的资源集中到一个部分上，首先要进行市场细分，进行精确的物流市场定位，找准物流客户，做到有的放矢，才能有效地开发物流客户关系。

要想进行准确的物流市场定位，必须要从细分物流市场中找出目标市场，而不是四面出击。物流细分市场有很多标准，如地理位置、人口环境、市场发展情况、经济环境等。通过市场细分只是确定所要进入的目标市场，然而，究竟如何进入目标市场还需要企业对市场上的竞争状况做进一步的分析，结合自身情况，确定企业的市场位置。

3. 推进忠诚的物流市场营销

在以客户为导向的物流客户关系开发中，取得市场占有率，不如获得客户忠诚。即推进忠诚的物流市场营销，客户满意并使之成为企业的长期客户，建立客户忠诚。忠诚客户计划应当在了解客户与产品之间的相互影响和客户价值的主要影响因素的前提下进行，可以采用的具体方法有折扣、赠送礼品、奖品等，进而拓展市场份额，开发物流客户关系。

4. 开展多样的物流促销活动

开发物流客户关系，最具实质性的途径是开展多样的物流促销活动，以此来吸引更多的物流客户。因为物流客户所需的服务和有形商品一样，也需要促销，通过沟通、宣传、说服，使客户了解并接受服务产品。这些促销活动往往能起到立竿见影的效果。

经典案例

东方物流公司

东方物流公司是一家以海上运输为主的综合物流服务商，为了应对国际航运市场的激烈竞争，在进行准确的市场细分后，公司根据自身条件和市场需求，把目标顾客定位为直接客户和大客户，重点客户是跨国公司。根据市场细分，公司对目标顾客进行了营销组合设计。在产品策略上，公司为了有效地满足顾客的需要，将核心产品（如咨询、报关、报价等）综合考虑，提供整体产品服务，在运用整体产品理念的基础上，不断提高产品质量和调整产品组合策略（如在三大东西主干航线——太平洋航线、欧洲航线、大西洋航线扩充产品线深度）。在价格策略上，实行随行就市定价法，采取客户不同、运价不同，季节不同、运价不同的策略。分销渠道采取在全球设立自己的办事处，大力拓展直销渠道。在促销策略上，以人员推销为主，注重公共关系的开展。公司通过近三年的运作，赢得了竞争优势，在一些主要航线上市场份额全面提升，总体经济效益明显好转。

点评　东方物流公司运用营销组合策略应对国际市场竞争。

4.3.2　物流客户关系的巩固

巩固现有客户，提高客户的忠诚度往往被许多企业所忽视，很多企业集中于如何开拓新的客户。巩固客户是一项长期、复杂的任务，其关键就是使客户满意，与客户建立长期的合作关系。物流服务企业可采用以下方法。

1. 建立物流服务品牌

塑造服务品牌是物流企业扩大市场，实现发展的有效途径，对巩固客户具有战略性的意义。确切地知道所选择的品牌对他们意味着什么，同时运用有效的手段赋予品牌新的活力，维护品牌的地位、提高品牌的知名度。

（1）物流服务品牌建立的原则

品牌建立是以市场为基石的。企业应时刻检查市场行为，确保其市场行为奖励品牌忠诚，而不是惩罚品牌忠诚。有的企业在价格策略上不断提高对新客户的优惠，实际上是对品牌忠诚的惩罚。

（2）品牌的维持和复活策略

1）品牌的维持策略。该策略包括四个具体方法：首先，产品领先策略。企业应在产品创新、产品质量方面取得同类品牌领先地位。产品质量不仅指产品的实际品质质量，还应包括附加于产品的服务质量。其次，服务领先策略。通过对客户服务领先来增加客户的附加价值，提高品牌忠诚度。在各个阶段服务时，注重服务的个性化、特色化，提高每一个环节的可靠性。再次，有效沟通策略。企业与客户进行沟通时，要注意主题的完整性和连续性。避免沟通主题的模糊，保持品牌鲜明的个性；实施多种途径的沟通；寻找品牌的忠诚客户，通过沟通，了解客户的意见和需求并满足其需求。最后，提高品牌转换成本策略。客户转换品牌是需要付出成本的，通过采取有效措施，增加客户转换品牌的成本，从而使客户坚持长期购买。

2）品牌复活策略。企业品牌忠诚度降低，会逐步失去老客户，企业会花更多成本去吸引新客户。更严重的是客户转向竞争对手，并产生不利的口碑宣传。企业管理者在复活品牌时必须注意服务的每个细节和服务构成的各个方面，出现差错要及时弥补。

（3）品牌的延伸及重新定位

1）品牌的延伸。将现有的品牌应用到新的产品上去，降低新产品引入市场的费用，缩短市场引入周期。丰富品牌的产品线为品牌提供更充分的有形证据，让更有竞争力的新服务项目来"激活"正在衰败的品牌。

2）品牌重新定位。重新定位是指企业改变服务整体组合的市场定位或市场形象，将品牌定位于新的目标市场中。重新定位要求企业消除产品和服务原先的市场形象。

2. 开发服务新项目

企业所提供的服务不可以是一成不变的，应当不断地进行调整，淘汰已经没有市场的产品，完善具有发展潜力的产品，开发客户需要的新产品，提供新的服务。新项目既为企业带来新的客户，又促使现有的客户更加忠诚。

经典案例

顺丰客户服务案例——周黑鸭

为了给客户最优质的服务体验，周黑鸭联手顺丰冷运，开展冷运到家业务的推广，2016年"双十一"期间，顺丰承接了周黑鸭全部订单，7天内完成60万单配送，带给客户最新鲜健康的购物体验。

为满足消费者口感，顺丰以大量的实验数据为依据，新推出的包装箱不仅保障了产品的新鲜度，同时也降低了周黑鸭的包装成本。为提高时效，顺丰安排专人驻场以及专车转运，直接在仓库完成贴单、扫描和分拣流程，并直接运往机场，保证在24到36小时内完成配送。经过一个月的测试推广，消费者反映良好，满意度大幅提升，有效推动周黑鸭在电子商务业务上的长足发展。

基于对于"顾客第一"的核心价值观的认可，顺丰将与周黑鸭加深物流供应链方面的深度合作，助力周黑鸭扩展市场，实现周黑鸭与顺丰品牌双赢。

（资料来源：https://www.sf-express.com/cn/sc/case_share/detail/Customer-Service-Case-of-SF-Zhouheiya/.）

3. 强化内部客户管理

"如果你不是直接提供客户服务的人，你应该为直接提供客户服务的人服务。"这句话的用意无非是想提醒组织内部的人，为与客户直接接触的人提供服务，这种观念被称为"内部服务"。我们通常说的客户是指外部客户，即购买企业产品或服务的人或组织。而从"组织—员工—客户"这一关系来理解，企业的最终用户并不是唯一的客户，员工也是企业的客户。企业要能和客户有良好的关系，必须全体员工同心协力才行，再好的客户服务，如果员工不能好好执行也是枉然。要想实现客户满意就不能不重视员工的管理工作。

4. 改进物流服务质量

（1）优质服务的特征

物流客户服务不仅仅指客户的开拓，客户投诉的处理，更为重要的是实行优质服务，提高客户满意度，维系客户忠诚度。

1）服务质量的特征。具体表现在如下几个方面。

① 可感知性。指各种设施、设备以及服务人员的外表等构成的服务产品的"有形部分"。

② 可靠性。这是指企业在任何时候、任何服务网点准确无误地完成承诺的服务。

③ 反应性。这是指企业随时准备为顾客提供快捷、有效的服务。

④ 保证性。这是指服务人员的友好态度与胜任工作的能力。

⑤ 移情性。这是指企业要真诚地关心顾客，了解他们的实际需要，满足客户需要，使整个服务过程富于"人情味"。

在这五个特征中，可靠性被认为是最重要的，是核心内容。

2）优质服务表现。它应体现在对客户的询问及客户碰到的难题迅速做出反应；昼夜服务，及时回访客户，简化业务往来；企业上下各部门员工都要同客户友好相处，随时对客户做出回应；为每个客户提供有针对性的个别服务；对产品质量做出可靠的承诺；及时沟通；关心体贴客户；对待客户要做到诚实、尽责；让客户的支出发挥出最大效用。

（2）服务质量的影响因素及改进策略

1）影响因素。包括：在服务战略方面，对服务管理的错误理解，根据主观想象制定服务战略；企业高层管理人员不重视服务质量；没有服务质量整体观念；服务人员角色模糊，无法依照质量标准传递服务；不能坚持长期实施服务质量策略；服务质量标准不能适应客户需求的变化。

2）改进策略。包括标准跟进策略和蓝图技巧策略两种。标准跟进策略指企业将自己的产品、服务和市场营销过程与竞争对手尤其是最好的竞争对手的标准进行对比，在比较和检验的过程中，逐步从策略、经营和业务管理等方面确立自己的目标。采取标准跟进策略也需要考虑企业的实际，包括企业的能力、市场需求等。否则，盲目跟进，可能会导致失败。蓝图技巧策略是借助流程图的方法来分析后勤到直接面对客户部门传递过程的各个方面，特别是分析服务人员与客户的接触点，从这些接触点出发来提高服务质量。服务企业欲提高服务质量和客户满意度，必须理解影响客户认知服务产品的各种因素，蓝图技巧则为有效地分析和理解这些因素提供了便利。

经典案例

顾 客 服 务

ISO9000 质量认证工作是某公司 2000 年重点任务之一，它既是"管理服务创一流"的内容和保证，也是发展现代物流参与国际化竞争的重要步骤。为确保此项工作积极稳妥地进行,公司成立了贯标小组,自 2000 年 8 月 25 日开始,公司按 ISO9000 质量体系要求试运行,将所有与质量有关的部门,纳入质量体系进行管理,以确保提供顾客满意的服务,并有效地履行给予的承诺。

首先,对职工进行全员培训,由浅入深地对质量体系文件认真学习,从高层到中层再到一线工人,要求所有与质量相关的岗位人员熟悉相关程序文件和作业指导书、操作规程、岗位职责,对培训情况一一记录。通过培训,员工的质量意识明显增强,质量方针和质量目标也深入人心。广大员工认识到,ISO9000 质量认证工作的实施,标志着公司将按照国际标准化组织推行的质量管理和质量保证体系开始运行。今后的工作必须按质量方针表达的原则开展工作,必须按质量方针的承诺满足顾客需要。

其次,通过对所有与质量有关部门的有效控制,严格按照质量体系标准要求操作,将各项管理纳入标准化、系统化、规范化轨道,大大提高了管理水平,提高了工作和作业的质量。包括文件和资料管理、经销管理、现场作业管理等都做到了有序、规范,使管理真正到位,处处留下了"管理的痕迹"。办公室按照质量体系标准要素规定,对文件和资料进行控制,编制了受控文件发放网,一目了然。确保对质量体系有效运行起到重要作用的各个场所,都得到相应文件的有效版本,为 ISO9000 认证工作顺利进行提供了有效的文件控制。由于工作比较细致,一丝不苟,得到了公司内审组和咨询机构的好评。

针对内审组提出的不合格项,着力抓现场的整顿工作,储运业务部组织了相当的人力、物力,连续几个公休日不休息,对堆放混乱的货垛重新码垛,在难度相当大的情况下,对大机库重新进行清理,对货物进行了标示,清理了现场的杂草杂物,使货场、库房码垛质量大大改观,尤其是大机库的变化令人刮目相看,过去是拥挤杂乱,现在是"见条见线",难怪有的员工说,这个库房 10 来年没见过这么整齐了,这回真像个库房了。此次清理整顿货场面积达 8 万多平方米,整码货物 23 万多吨。通过对货场的综合治理,货场、库区的容貌发生了相当大的变化,已取得了阶段性的成果。

最后,通过 ISO9000 认证工作,保证了产品的服务优质、高效。在 2000 年 10 月份进行的统计分析表明,目前顾客对公司的服务满意率达到了 100%,作业差错事故至今尚未发生,在列保管员、料账及现场货物的账、卡、物三相符抽查中,抽查合格率达到了 100%。经销管理部在认证工作中,注意多方收集分供方资料,依据可信的资料对分供方进行了评价,在各种表单、凭证的流转过程中,严格按程序文件的相关规定执行,使管理工作更加规范有序。

2000 年 11 月初,公司对一些重点客户进行了走访,这些顾客均对公司的服务质量表示了认可,认为 ISO9000 质量体系运行两个月以来,服务质量比以前有了一定程度的提高,与周边同行业兄弟单位相比,服务更加规范,更具备向现代化物流企业转变的实力和条件。

　　为配合 ISO9000 认证工作的实施，公司对全体员工实行了统一着装，重申了员工"十要""十不"的行为准则，要求员工一律佩戴胸卡上岗工作，并经常性地督促检查，几次抽查劳动纪律情况，未发现违纪现象，员工的精神面貌有很大改观。另外，对库区的道路、办公场所、作业区进行了标示，安装了指示牌、服务指南牌，在南大门配备了自行车，方便客户在库区办理业务。

点评　通过质量认证工作，各项工作与质量体系整体运行情况良好，有效地促进了管理水平的提高。

小　结

　　物流客户关系管理是把物流的各个环节作为一个整体，从整体的角度进行系统化客户管理，它包括对企业相关的部门和外部客户业务伙伴之间发生的从产品（或服务）设计、原料和零部件采购、生产制造、包装配送、直到终端客户全过程中的客户服务的管理。它是基于物流、资金流、信息流，通过合作伙伴关系，实现信息共享、资源互动和客户价值最大化，并以此提升企业竞争力的一种管理系统。

　　本单元详细描述了客户关系管理的含义、内容和作用，阐述了物流客户关系管理的含义与特点、原则与内容，介绍物流客户关系的开发与巩固的方法。

练 习 题

一、名词解释

　　客户关系管理　　物流客户关系管理

二、填空

　　1. CRM 本身是一种管理方法，其主要范围包括_____、_____、_____等。

　　2. CRM 中的营销自动化的主要功能有：_____、_____、_____、_____、_____等。

　　3. 物流客户关系管理的特点有：_____、_____、_____。

　　4. 实施 CRM 是一项极其复杂的系统工程，企业应当在认真研究和反复论证的基础上，制定出_____、_____和_____的阶段性目标。

　　5. 良好的物流服务体系包括_____和_____，是开展一切物流活动的基础。

三、问答

1. 如何理解客户关系管理？
2. 简述物流客户关系管理的内容。
3. 简述物流客户关系管理的实施步骤。
4. 如何开发和巩固物流客户关系？

四、课堂实训

目的：掌握维系物流客户关系管理的能力。

任务：用课堂讨论法讨论如何通过物流维系客户。

五、课外实践

目的：树立正确的客户关系管理理念，培养良好的客户关系意识，掌握巩固物流客户关系的技巧。

任务：参观物流企业，了解物流公司的客户维系状况。

拓展阅读：CRM——第三方物流
企业探索客户管理方案的利器

单元 5 物流客户服务质量

- **知识目标**

  1. 掌握物流客户服务质量的含义、内容、特征与要素。
  2. 了解物流客户服务质量的标准。
  3. 了解物流客户服务质量绩效评价体系。
  4. 了解如何构建物流客户服务质量管理体系。
  5. 掌握物流客户服务质量绩效指标的内容。

- **能力目标**

  1. 掌握提高客户服务质量的能力。
  2. 掌握正确处理客户投诉的能力。

- **情感目标**

  1. 树立正确的客户服务质量观念。
  2. 培养良好的客户服务态度。

导入案例

中国邮政速递物流服务

中国邮政速递物流股份有限公司（简称中国邮政速递物流）是经国务院批准，由中国邮政集团公司作为主要发起人，于 2010 年 6 月发起设立的股份制公司，是中国经营历史最悠久、规模最大、网络覆盖范围最广、业务品种最丰富的快递物流综合服务提供商。

中国邮政速递物流在全国 31 个省（自治区、直辖市）设立分支机构，并拥有中国邮政航空有限责任公司、中邮物流有限责任公司等子公司。截至 2020 年底，公司注册资本 250 亿元人民币，员工近 16 万人，业务范围遍及全国 31 个省（自治区、直辖市）的所有市县乡（镇），通达包括我国港、澳、台地区在内的全球 200 余个国家和地区，自营营业网点近 9 000 个。

中国邮政速递物流主要经营国内速递、国际速递、合同物流等业务，国内、国际速递服务涵盖卓越、标准和经济不同时限水平和代收货款等增值服务，合同物流涵盖仓储、运输等供应链全过程。拥有享誉全球的 "EMS" 特快专递品牌和国内知名的 "CNPL" 物流品牌。

中国邮政速递物流坚持"珍惜每一刻，用心每一步"的服务理念，为社会各界客户提供方便快捷、安全可靠的门到门速递物流服务，致力于成为持续引领中国市场、综合服务能力最强、最具全球竞争力和国际化发展空间的大型现代快递物流企业。

1. 合同物流

合同物流是基于中国邮政速递物流覆盖全国的航空、陆运网络，丰富的仓储配送服务经验，先进的信息技术平台，完善的品质保障体系和持续改进措施，提供基于供应链的综合物流解决方案。无论是设计营销渠道、规划促销展览，还是进行产品设计、供应商选择，都可以专注于核心业务，不用再为物流过程担忧。借助于强大的资源管控能力和丰富的行业服务经验，中国邮政速递物流能够以最合理的成本，满足客户不断变化的供应链需求，为客户的供应链设计提供最大的自由度，帮助客户创造价值。

在高科技、快速消费品、汽车、医药、服装、零售等行业，中国邮政速递物流帮助客户规划整体物流解决方案，提高客户原材料入厂物流、销售物流、售后服务物流、销售支持性物流的运作效率，服务的专业性已经获得了客户的广泛认同。

2. 领导型物流服务商（LLP）

基于丰富的网络资源和专业的物流服务经验，为客户提供物流整体规划及具体环节的优化咨询、物流整体外包服务，包括采购流程优化、物流网络设计、库存优化管理、供应链可视化和数据管控等。

中国邮政速递物流能做的：提供专业的物流解决方案；优化流程以降低运作成本；优化库存以减少库存持有成本；数据的实时传送。

3. 入厂物流

原材料巡回取货：基于客户生产计划、供应商生产周期、物流网络等方面的综合分析，制订专业的巡回取货路线和计划，为生产流程、工艺过程中的原材料采购物流环节提供专业的巡回取货服务，保证原材料的 JIT（just in time，准时制生产方式）供应。

供应商库存管理：以专业的仓储信息系统为支撑，提供多个供应商的原材料仓储、库存、物权、订单、资金等综合管理服务，实现原材料库存最优化和入厂物流的无缝对接。

原材料入厂上线：基于客户工厂流水线生产计划、工位排序、物流需求单、看板等因素，通过分析、预测、监控、替换等方式实现原材料仓库与生产线的无缝对接，在 2～4 小时内，为客户提供准确、高效、快速的原材料入厂上线服务。

4. 销售物流

成品仓储及分拨：以全国总仓和区域分拨中心为基本模式，为客户提供常温、恒温仓储管理和验货、分拣、理货、包装、库存控制、库龄管理、贴签、组装、扫码等库内增值服务。

运输配送：航空、公路、铁路等组成的主干运输网络与覆盖全国各地市、县的配送网络无缝衔接，构建以区域中心城市为核心的 24 小时、48 小时和 72 小时服务圈，提供包括入户配送、门店直配、多点配送、电子商务配送在内的高效的运输配送服务和代收货款等增值服务。

网点投交：根据客户的物流需求和销售特点，为客户在县级以上城市的邮政营业网点专设提货点，同时提供自提和客户定制化配送服务。

5. 售后服务物流

售后零部件仓储配送服务：为客户提供售后零部件的仓储管理，维修旧件的多点提货服务，正向包装和发运服务，为客户和消费者构建售后服务物流支撑平台。

呼叫中心服务：设立呼叫中心，按照客户售后服务体系的要求，接收产品最终用户的售后维修或废弃物回收相关问题的问询，并启动维修品和废品的提货。

6. 销售支持物流

促销品/宣传品物流：根据客户的销售渠道和宣传促销计划，提供宣传材料、促销品、赠品、礼品等营销活动支持物品的仓储、运输、配送及其相关增值服务。

样机巡展物流：根据客户的巡展计划，提供样机、宣传品的仓储、检测、运输、安装等服务。

废弃物回收物流：依托邮政覆盖全国的物流网络和成熟的呼叫中心体系，提供废弃品的逆向回收物流服务，为客户履行社会责任和实施环保战略提供物流支撑。

7. 供应链金融

与邮政储蓄银行等商业银行合作，实施存货质押、仓单质押等多种资金融通方式的监管，共同为客户提供资金流、物流、信息流三流合一的高效物流服务。

8. 专业物流服务

冷链物流：依托邮政丰富的冷链资源和有效的组织规划能力，运用专业的低温仓储配送技术，为国内外知名连锁餐饮企业及食品企业提供单温、多温条件下的冷链运输配送服务。

会展物流：为国内外大型会议会展特别是国际大型珠宝展等参展商提供展前和展后的仓储、包装、国内运输、进出口报关和清关、国际运输和展览中的装卸、搬运等服务。

工程物流：为国家或地方的大型工程项目提供全套的物流解决方案，服务内容涵盖生产工厂接货到工地现场交货卸车，其中包含整个物流项目的管理和策划、运输、清关、码头管理和装卸操作等。

（资料来源：http://www.ems.com.cn/companyintroduction. 有改动）

案例解析 中国邮政速递物流充分意识到世界一流的服务质量是企业生存发展的重要保证。现代名牌产品不仅要求产品的质量好、可靠性高，而且要求有优质的服务。服务质量管理在现代企业经营管理中具有重要地位，特别对企业形象和信誉有关键影响，并且这些又可以成为企业的财富。

案例思考 物流客户服务质量是什么？包括哪些因素？服务质量能否测量？如何评价服务质量？读了这个案例你是如何理解这些的？

5.1 物流客户服务质量概述

5.1.1 物流客户服务质量的含义

1. 质量的含义

质量是指反映实体满足明确和隐含需要能力的特征的总和。

（1）实体

实体，是指可以单独描述和研究的事物。实体可以是某活动或过程，可以是某产品，可以是某单位、某体系、某人，也可以是上述的各项的任意组合。每一个实体都应有清楚的界定和描述。质量并不是局限于产品和服务，而是一直扩展到活动、工程、组织和人的质量，也即所有事物的质量。其中，产品包括软硬件、流程性材料和服务。

> 质量是维护顾客忠诚的最好保证。
> ——杰克·韦尔奇

（2）需要

需要，一般指顾客的需要，也可以指社会的需要及第三方的需要。在很多情况下，需要会随着时间而变化，这就意味着要对质量进行定期评审。需要一般有以下两种形式。

1）明确需要。它一般指在合同条件下，特定顾客对实体提出明确需要，这种需要常以合同、契约等形式明确规定。

2）隐含需要。它是指顾客或社会对实体的期望，或指那些虽然没有通过任何形式给予明确规定，但却为人们普遍认同的，无须事先申明的需要。

2. 物流客户服务质量的含义

物流客户服务质量是物流服务固有的特性满足物流客户相关要求的能力。服务质量高低取决于顾客的感知，服务质量的最高评价者是客户而不是企业。赢得客户的代价昂贵，因此最重要的是留住客户。确定客户所需要的服务水平，并且以一种有效利用成本、高效率的方式满足这些要求，是物流职能的一项关键内容。为避免任何情况下客户不满意情况的发生，应该"第一次就做好它"。调查显示，在不满意的客户中，有不少客户只是简单地选择不再与该组织进行商业交易，而且通常会把不愉快的经历告诉其伙伴。

然而，这些抱怨者在某些潜在的认知方面有很大的贡献，他们对企业现存的普遍性问题发出了警告。如果这些问题得到解决，就可以减少将来的抱怨人数，并且有助于留住那些"非抱怨客户"，否则它们很可能会选择简单地走开。另外，如果这些问题处理得好，曾抱怨过的客户实际上会变得更加忠诚，未来与组织再进行交易的可能性大大增加。

因此，客户服务的质量，从与客户初次接触到恰当地处理问题，对于实现高水平的客户服务是至关重要的。这反过来又有利于实现高水平的客户满意。

3. 物流客户服务质量的形成

物流服务质量主要来自三个方面：设计来源，即服务规范、服务提供规范和服务质量控制规范；供给来源，即设计好物流服务提供给客户的方式；关系来源，即物流服务人员与客户之间的关系。具体说来包括如下内容。

1）客户在接受物流服务之前，由于受到企业所做的营销宣传的影响，也可能由于其他客户的信息传播的影响，以及自己以前接受物流服务的经验，在大脑中形成对企业形象的一个初步认识，特别对自己准备接受物流服务的质量有了比较具体的预期。

2）客户在购买物流服务之前，是带着自己对这种服务的期望，在服务提供过程中，客户感受到了该企业的服务质量。这个过程中，客户感受结果分为两个部分：一个是自己获得了什么；另一个是自己如何获得的。体验到的服务质量从内容上可分为技术质量和功能质量。

3）客户会把自己在接受物流服务过程中体验到的服务质量与预期的服务质量相对比，从而得出该企业的服务质量是优、良、次、劣的结论。

4）客户对物流服务质量的最终评价还要受到客户心目中企业形象的影响。如该物流服务企业的市场形象一贯较好，顾客有可能原谅在服务过程中企业的失误，而提高对物流服务质量的评价；反之，如服务企业形象不佳，就会放大物流服务过程中的过失或不足，使客户得出更加不满的结论。

5.1.2 物流客户服务质量的内容、特征与要素

1. 物流客户服务质量的内容

物流客户服务质量内涵很丰富，具体内容如下。

（1）技术质量

技术质量是服务结果的质量，是客户从服务过程中所得到的东西，以满足客户的主要需要。服务生产过程的结果，是顾客在服务过程结束后的"所得"，即顾客"接受了什么服务"。物流技术质量一般可以用具体形式度量。客户对物流服务获得的结果非常关心，这是构成企业的物流服务质量的重要一环。

（2）功能质量

功能质量是服务过程的质量，指服务人员提供服务过程中的表现。服务人员的行为、态度、仪表、着装，甚至一言一笑、举手投足，都直接影响顾客的感知，这就是服务质量的功能质量，即顾客是"如何得到服务的"。在这方面很难有客观标准，基本上是一个主观的经验过程，即主要取决于顾客接受服务过程中的感受。不同的人或同一人在不同的时间、地点和条件下，都可能有不同的感受。客户对获取物流技术质量的过程，即功能质量同样敏感。

物流技术质量是客观存在的，而物流功能质量则是主观的，是客户对过程的主观感觉。客户评价物流客户服务质量的好坏，是根据客户所获得的物流客户服务效果和所经历的服务感受，两者综合在一起才形成完整的感受。

大部分企业将物流技术质量视为物流客户服务质量的核心，集中企业资源提高物流客户服务的技术质量并以此作为企业竞争的主要因素。但随着竞争的加剧，企业同样应重视提供物流客户服务的过程，以提高物流客户服务的功能质量来作为企业竞争取胜的手段。

经典案例

一家沃尔玛连锁店的药剂师周末在家里休息，忽然接到公司的电话，说是一位糖尿病患者刚买走的瓶装胰岛素在路上不小心打破了，现在病人在家里，病情紧急，需要胰岛素。药剂师立即从家中赶回连锁店，把胰岛素送到了病人的家里。这就是沃尔玛要求全体员工都必须严格遵守的"太阳下山规则"，即今日事，今日毕，不推托工作。沃尔玛正是以这样的高标准严格要求自己，高效的运作方式给企业带来了滚滚财源，成为全球500强榜首企业。

（资料来源：https://www.hroot.com/bookindex/263/209619.html. 有改动）

点评 企业对服务的承诺，对于企业的每一个员工来说都是重要的，无论是前台还是后台，也无论是值班时间还是业余时间。一名员工只有时刻想着为客户赢得时间，才能把服务工作做好，才能感动客户，最终赢得客户的信任。关于服务的承诺写在纸上或贴在墙上是容易办到的，如果要让服务承诺不折不扣地贯穿于企业经营服务的全过程，特别是要体现在每一个员工的每时每刻的服务行为中，并不是一件容易的事情，关键在于是否真正站到了客户的角度。

2. 物流客户服务质量的特征

物流客户服务质量有以下5个特征。

做一做： 在小组内做一个客户经历的服务圈，可以是零售业、运输业等。

（1）可靠性

可靠性是可靠、准确地履行服务承诺的能力。可靠的服务行动是顾客所期望的，它意味着服务以相同的方式、无差错地准时完成。

（2）响应性

响应性是指帮助顾客并迅速提供服务的愿望。让顾客等待，特别是无故的等待，会对质量感知造成不必要的消极影响；而出现服务失败时，迅速解决问题会给质量感知带来积极的影响，如在误点的航班上提供补充饮料可以将旅客潜在的不良感受转化为美好的回忆。

（3）保证性

保证性是指员工所具有的知识、礼节以及表达出自信与可信的能力。保证性具有的特征：完成服务的能力，对顾客的礼貌和尊敬，与顾客有效的沟通，将客户最关心的事放在心上的态度。

（4）移情性

移情性是设身处地地为顾客着想和对顾客给予特别的关注。移情性的特点有：接近顾客的能力、敏感性和有效地理解顾客需求。

（5）有形性

有形性是指有形的设施、设备、人员等。有形的环境条件是服务人员对顾客更细致的照顾和关心的有形表现。

知识链接

影响质量的5个度

（1）信赖度

信赖度是指一个企业是否能够始终如一地履行自己对客户所做出的承诺。当这个企业真正做到这一点的时候，就会拥有良好的口碑，从而赢得客户的信赖。为什么像同仁堂、海尔、宝供、肯德基等知名企业会拥有许多忠实的客户，就是因为这些企业的信赖度很高。

（2）专业度

专业度是指企业的服务人员所具备的专业知识、技能和职业素质。主要包括：提供优质服务的能力、对客户的礼貌和尊敬、与客户有效沟通的技巧。

许多人愿意将自己出现故障的产品送到正规的特约维修中心进行修理，尽管这样做可能会多花一些钱，但是那里的服务人员和设备的专业性可以为客户提供质量的保证。

（3）有形度

有形度是指有形的服务设施、环境、服务人员的仪表以及服务人员对客户的帮助和关怀的有形表现。

服务本身是一种无形产品，但是整洁的服务环境、餐厅里为幼儿提供的专用座椅、休息室提供的翻阅杂志、免费饮水设备、舒适的座椅、服务人员整洁统一的服装、带领小朋友载歌载舞的服务小姐等，都能使服务这一无形产品变得有形起来。

（4）同理度

同理度是指服务人员能够随时设身处地地为客户着想，真正地同情、理解客户的处境，了解客户的需求。

（5）反应度

反应度是指服务人员对于客户的需求给予及时反应并能迅速提供服务的能力。当服务出现问题时，马上回应、迅速解决问题能够给服务质量带来积极的影响。

3. 物流客户服务质量要素

物流客户服务质量要素可以分为交易前、交易中和交易后三大类，根据这些要素，可以构建出物流客户服务质量的基本元素。

想一想：物流客户服务质量和我们理解的质量有什么区别？

（1）交易前客户服务质量要素

交易前客户服务质量要素包括以下几点。

1）库存可得率。这是指企业及时满足客户需求的能力，当需求超过库存可得率时就会发生缺货。

2）目标交付时间。这是指企业计划或承诺的产品交付时间。

3）信息能力。这是指企业满足交易前客户咨询、运价谈判、培训等需求的能力。

（2）交易中客户服务质量要素

交易中客户服务质量要素是对物流服务提供过程中可能影响客户服务质量的关键环节的反映，具体包括以下几点。

1）下订单的方便性。这是指客户通过多种方式进行订货的可能性和每种方式的方便程度。

2）订单满足率。这是指一定时期内满足订单的数量与订单总数的比率。

3）订货周期的一致性。这是指订货周期的波动情况。

4）订货周期时间。这是指客户从下订单到接收货物、完成货款结算的实际时间。

5）订单处理正确率。这是指一段时期内无差错的订单处理总数与订单总数的比率。

6）订单跟踪。这是指对订单货物所处状态进行跟踪的能力。

7）灵活性。这是指满足客户加急发货或延迟发货的可能性及企业应对突发事件的能力。

8）货损率。这是指在物流服务作业过程中发生损坏或灭失的货物金额数与货物金额总数的比率。

（3）交易后客户服务质量要素

交易后客户服务质量要素是对物流服务作业活动结束后，一些可能影响客户服务质量的关键因素的反映，具体包括以下几点。

1）票据的及时性。这是指回单、发票等票据的正确性和及时性。

2）退货或调换率。这是指一定时期内退货或调换的货物总量与发送货物总量的比率。

3）客户投诉率。这是指客户投诉的次数与总的服务次数的比率。

4）客户投诉处理时间。这是指企业对客户投诉进行调查、采取补救措施，达到客户要求的总时间。

5.2　物流客户服务质量体系

服务对象满意是对我们工作的最高评价。

5.2.1　物流客户服务质量测量的标准

物流服务的标准是基于服务优势与服务成本的一种平衡，是衡量顾客服务工作的准绳，质量标准依据 ISO9000 标准。确定物流服务的标准历来是物流服务管理的难题，因为这涉及一套专用的、全面的服务目标体系，并且并不存在明显的物流服务标准来衡量、评价顾客服务工作成绩，只能用一些基本的、完美的服务标准及服务指标来衡量物流服务。

1. 制定适宜的客户服务标准

一般来说，指标指的是从哪些方面来对服务质量进行衡量或评价；而标准指的是在各个指标上分别应该达到什么样的水平。评价指标确定之后，就应该为其设立标准。评价标准并不是越高越好，从企业的角度来看，要考虑到其服务资源的能力限制问题；从市场的角度来看，涉及企业的竞争战略定位问题；从客户的角度来看，则有一个服务质量的可信度问题。

由于服务的无形性特征，服务质量难以管理。产品的不良，有实物可作为证据，但是服务提供之后随即消失，不会留有证据，很难显示出服务不良的程度。以美发为例，顾客虽然抱怨效果不好，但是漂亮不漂亮并没有客观的标准。因此要对服务质量进行管理，就必须制定出合理有效的服务质量标准。

知识链接

一家企业服务软件的部分客户服务标准

时间性：客户进入服务区域时，在30秒内听到招呼。

预见性：客户不必开口，就应给杯子加满水。

沟通：服务员边领客户就座边与客户交谈。

客户反馈：当班经理亲自与客户接触，处理客户不满意的地方。

2. 有效的服务质量标准的特点

1）从客户需求出发。尽全力满足客户的需求，能够今天送去的绝不拖到明天，能够现改的绝不再等一下。

2）员工接受。员工必须理解并接受企业确定的标准，才会切实执行和落实。

3）强调重点。避免质量标准过于烦琐，使员工无法了解服务的主要要求。

4）具有一定灵活性。员工能根据不同客户的具体情况灵活地执行服务质量标准，有针对性地提供特殊服务。

5）标准高低适中。如果企业制定的服务质量标准太高，员工无法达到，就会产生不良反应；反之，则无法促进员工提高服务质量。

3. 基本物流服务质量标准

对企业来说，如果客户对企业的服务（产品和服务）质量感到满意的话，他就有可能会重复其购买行为，从而提高企业的盈利水平。与此同时，产生了满意感的客户也有可能将他们的感受通过口头的形式传播给其他人，从而扩大服务（产品和服务）的知名度，提高企业的形象。为了有效地衡量服务质量，企业制定服务标准应包括以下内容。

1）信任感。信任感指固定的行为准则和令人信任的感觉。这表示企业第一次就能很好地提供服务，也指企业兑现了自己的承诺，它包括：①开发票时的高度准确性；②正确地做记录；③按指定时间提供服务。

2）责任感。责任感指员工乐于向客户提供服务的意愿，它包括：①与客户接触的职员的知识和技能；②企业经营人员所具备的知识和技能；③机构的研究水平。

3）可接近性。可接近性指便捷利用服务的程度及易于接触性举措，包括：①通过打电话可以容易地获得服务（如电话不占线和电话接通后不让客户等候太长时间）；②为了接受服务而等候的时间不会太长；③合适的、方便的经营时间的安排；④服务设施所处地点的适当安排。

4）礼节。礼节指员工的礼貌，尊重别人及对客户的友善态度，包括：①考虑到保护客户的财产（如在客户家中，不能因员工的鞋弄脏客户的地毯）；②与客户交往、接触的公关人员的整洁的仪表。

5）交流。交流是指用客户能够听懂的语言向客户传达信息，也指企业要对不同的客户使用不同的语言表达方式，让各种层次的客户都满意——提高与受过高等教育的客户交流时的措辞及谈话水平；同时，这类员工讲话要清晰、简洁。它具体包括：①讲解企业的服务；②客户为得到服务而需支付的费用；③说明服务与费用之间的交易细节；④向客户说明企业能解决合作中出现的问题。

6）信赖感。信赖感是指企业值得信赖的程度，令人感受到企业是否诚实。它能使客户在心目中对该企业极感兴趣。有助于客户信任企业的因素有：①企业名称；②企业信誉；③与客户接触的员工的自身特点；④企业与客户交往过程中的努力程度。

7）保障。保障是指使客户免遭危险、风险及不使客户有任何疑惑。它包括：①人身安全；②财产安全；③保密度。

8）理解或了解客户。这是指努力了解客户的需要，它包括：①了解客户的特殊要求；②表示对每个客户的关注；③熟悉经常光临的客户。

9）有形资产。它包括有形服务：①实物投资；②员工的外表；③提供服务的工具设备；④享用服务设施的其他客户。

按上述评价标准，可通过问卷调查或其他方式对服务质量进行测量。调查应包括客户的预期质量和体验质量两个方面，以便进行分析研究。

经典案例

踏歌物流公司服务质量标准

（1）服务质量保障

1）准时提货率＞98%：准时提货次数/当月总运单，保障发货方物品及时发运，控制提货拖沓缓慢现象。

2）准时到达率＞95%：准时到达票数/当月总运单，控制货物快捷、准确地到达目的地，完好签收。

3）货损货差率＜0.2%：月破损件数/月承运件数，全额运输保险结合内部质量管控体系，最大可能降低货物损坏率。

4）签单返回率＞99%：已交接签收单/当月总运单，作为货物移交重要凭据，公司有完善的返单管理制度加以保障。

5）有效投诉率＜3%：核实投诉次数/当月总票数，服务质量的基本控制指标。

6）客户满意率＞98%：按月对收货人随机抽样调查，服务质量的总体控制指标。

（2）运输配送服务标准

1）提供7×12小时（每日8点至20点）/周×365天提货及送货上门服务；加

急货物可延长提送货时间。

2）提供7×16小时（每日8点至24点）/周×365天全程货物信息查询服务。专职客服员主动提供信息反馈。

（3）提货标准

订单确认后2小时内到达指定装货地点装车，操作人员遵守贵公司相关制度，文明用语，礼貌待人，仔细检查货物数量与包装完好情况。交接单据签收明晰、真实、有效，车况良好，手续齐全，防潮防火设施可靠。

（4）送货标准

货物到达目的地前，客服人员与收货方联系，通知收货人做好卸货准备以及签收货物的相关事项，协助处理卸货事宜。

（5）签收标准

协调收货人签收真实有效的货物信息，包括实收数量、规格型号、货物完好情况；签收人信息包括姓名、身份证号、签章、时间等。文明用语，礼貌沟通，塑造良好口碑和企业形象。

（资料来源：http://www.tg560.com/news/tagexinwen_399.shtml. 有改动）

5.2.2 物流客户服务质量测量的方法

1. 问卷量化法

服务质量测定一般采取评分量化的方式进行，其具体程序为：第一步测定顾客的预期服务质量；第二步测定顾客的感知服务质量；第三步确定服务质量，即

$$服务质量＝预期服务质量－感知服务质量$$

对服务质量的评分量化方法的大致步骤为：第一步选取服务质量的评价标准；第二步根据各条标准在所调查的服务行业的地位确定权数；第三步对每条标准设计4~5道具体问题；第四步制作问卷；第五步发放问卷，请顾客逐条评分；第六步对问卷进行综合统计；第七步分别测算出预期质量和感知质量；第八步根据上述公式，求得差距值。差距值越大，表明感知质量离预期质量差距越大，服务质量越差；相反，则服务质量越好。

表5-1所示的问卷是一家物流公司评估服务质量的调查问卷，该问卷包括两个相互对应的部分，一部分用来测量顾客对企业服务的期望，另一部分则测量顾客对服务质量的感受，而每一部分都包含着5个服务质量的评价标准。在问卷中，每一个标准都具体化为4~5个问题，由被访者回答。显然，对于某个问题，顾客从期望的角度和从实际感受角度所给的分数往往不同，二者之间的差异就是在此方面企业服务质量的分数。

表 5-1　评估服务质量的调查问卷

项目	具体内容	完全不赞同 ———→ 完全赞同						
可靠性维度	1. 某公司承诺在一个确定时间内完成某项服务，它确实完成了	1	2	3	4	5	6	7
	2. 当您有了问题，某公司表现出诚挚的意愿去解决	1	2	3	4	5	6	7
	3. 某公司第一次就正确履行服务	1	2	3	4	5	6	7
	4. 某公司在承诺的时间内提供该服务	1	2	3	4	5	6	7
	5. 公司随时通知顾客提供服务的时间	1	2	3	4	5	6	7
响应性维度	1. 某公司职员为您提供了及时的服务	1	2	3	4	5	6	7
	2. 某公司职员随时愿意帮助您	1	2	3	4	5	6	7
	3. 某公司职员从未因为太忙而不答复您的要求	1	2	3	4	5	6	7
安全性维度	1. 某公司职员的行为使您逐渐对其产生信任	1	2	3	4	5	6	7
	2. 与某公司交易时您感到安全	1	2	3	4	5	6	7
	3. 某公司职员一贯礼貌待您	1	2	3	4	5	6	7
	4. 某公司职员具有回答您问题的业务知识	1	2	3	4	5	6	7
移情性维度	1. 某公司给予您关怀	1	2	3	4	5	6	7
	2. 某公司的职员给予您关怀	1	2	3	4	5	6	7
	3. 某公司心中装着您的最高利益	1	2	3	4	5	6	7
	4. 某公司的职员了解您的特定需求	1	2	3	4	5	6	7
有形性维度	1. 某公司具有现代化设备	1	2	3	4	5	6	7
	2. 某公司的有形设备使人赏心悦目	1	2	3	4	5	6	7
	3. 某公司的职员衣着整洁	1	2	3	4	5	6	7
	4. 某公司与服务相关的宣传材料或广告词很吸引人	1	2	3	4	5	6	7
	5. 某公司具有方便的营业时间	1	2	3	4	5	6	7

2. 标准偏差法

对服务质量的测定实际上就是简单地将服务质量的预期与感觉分值相减。如果将服务质量与一个标准进行比较，只要测定偏差标准的程度即可。下面的服务质量差距模型（图 5-1）就是用来测定偏差标准的程度的。

服务质量差距模型确定了可能造成实际服务感受偏离服务预期的 5 个偏差。

差距 1：顾客预期和感觉的管理。管理者可能想到了解客户要什么，然后进行服务的生产，但实际上客户所预期的和管理者的理解有所不同。

差距 2：感受的管理和服务的质量特点。管理者可能没有设定稳定的质量特点，或者虽然设定却没有明确告知客户，或者虽然设定了质量特点但却是无法实现的。

差距 3：服务的质量特点和服务产品。出乎预料的或管理者没有能力面对的问题都使服务无法达到预定的质量。这可能是因为人的错误或者缺乏设施或配套的有形产品。

使服务无法达到预定的质量。这可能是因为人的错误或者缺乏设施或配套的有形产品。

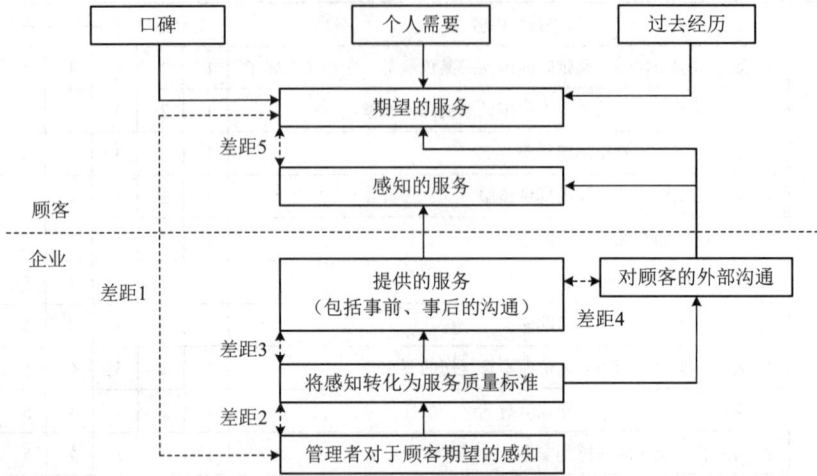

图 5-1　服务质量差距模型

差距 4：服务的生产和对外沟通。对服务的不满可能源于生产者对服务的宣传活动造成客户预期过高。这样，当实际提供服务时就会出现不符合宣传效果的问题。

差距 5：服务感受和服务预期。这是客户感受实际生产的服务不符合他们最初的预期。

5.2.3　提高物流客户服务质量的方法

1. 同行跟进法

提高物流客户服务质量的一种简捷的途径就是向竞争者学习。同行跟进法是鼓励企业向竞争者学习的一种方法。具体来说，它是指企业将自己的产品、服务与市场上的竞争对手，尤其是最好的竞争对手的标准相比较，并在比较和检验的过程中寻找自身的差距，从而提高自身的水平。施乐公司就是最早采用该方法的企业之一。该公司在面临严重的竞争压力和财务危机的情况下，采取了同行跟进法，很快扭转了被动的局面，不仅重新获得了较高的市场份额，而且降低了生产成本，提高了产品质量。

2. 流程解析法

要想提供高水平的物流客户服务质量并提高顾客的满意度，就必须理解影响顾客对服务认识的各种因素。流程解析为企业有效地分析和找出这些因素提供了便利，它是指通过分解组织系统和机构，来鉴别顾客与服务人员的接触节点，并从这些接触节点出发来改进企业服务质量的一种战略。它借助流程图的方法来分析服务传递过程的各个方面，包括从前台服务到后勤服务的全过程。流程解析法的主要步骤如下。

1）将服务包含的各项内容以流程图的方式画出来，使得服务过程能够清晰、客观地展现出来。

2）将那些容易导致服务出现问题的环节找出来。

3）确定执行标准和规范，并使这些标准和规范体现出企业的服务质量标准。

练一练： 用流程图方式画出仓储企业服务内容。

4）找出顾客能够看得见的判断服务水平的依据，每个依据都是企业与顾客服务的接触节点。

经典案例

新疆生物制品需求告急！顺丰冷运 4 天 3 夜配送完毕

顺丰冷运用专业和严谨丈量祖国东西部的土地，用高效和用心成就客户和人民的需求。

新疆生物制品需求告急，省疾控中心增援

2017 年 5 月 4 日，顺丰冷运接到江苏省疾控中心紧急支援新疆克孜勒苏柯尔克孜自治州（以下简称"新疆克州"）生物制品派送任务。新疆克州当地急需在 5 月 12 日前接到此批生物制品，且要求在全程 2～8℃环境下储运确保不脱温。时间紧任务重，江苏南京和新疆克州距离约 5 300 公里，横跨了中国东西部地区，顺丰冷运鉴于此行的特殊情况，当天便制订了初步方案。

紧急部署会议，高效制订客制化方案

5 月 5 日，南京地区各部门已做好出行准备，并召开了紧急动员会。同时，南京地区紧急部署了从总部至地区 15 人的项目视频会议，综合评估：货品储运方案和包装方案、路线和路况、区域地理人文、航空运输方案比较分析（当地"一带一路"国际合作高峰论坛召开在即，航空制约因素多），最终决定此行方案如下。

1. 专车直运，全程监控

采用疾控中心专车直发发运模式（两地疾控中心直达无中转模式），总部大后方紧急项目组全程值班对接实况人员，监控温度数据及车辆 GPS（全球定位系统），确保货、车、人的数据全程对接。

2. 轮流接驳，专人跟随

早在 5 月 6 日凌晨，2 名驾驶员便动身乘火车前往西安，准备接车。

5 月 6 日冷藏车修检出车后，1 名专人全程跟车，2 名驾驶员轮流开车，到了接驳点换人，如此交替。这既能全程确保人员的身体健康及驾驶状态，又能专业快速地应对突发情况，在途经无人区、隧道等弱信号区可保证通信。

3. 双冷保温控，沿途备案

采用冷藏车制冷+冷媒包装保冷的"双冷温控"方式，确保装卸和储运均不脱温；预先备案，为预防途中车辆可能的故障或路障，联系沿途各站点疾控中心预留储存

空间，如遇到紧急情况，立刻在当地疾控中心进行换车接驳或储存。

4. 双保险控温，依实况调节

在车载温度记录仪和随箱温度记录仪上传数据的同时，跟车专人也进行实时的温度调整把控，确保运输温度受外界（区域温差、昼夜温差、复杂天气）影响最小化。

5. 注重细节，尊重文化

沿途协调顺丰本地资源，特别在进入新疆地域后，由当地同事开车随行，充分尊重途经地区的人文风俗和文化差异，带入最优路线，提高沟通和运输效率。最终在 5 月 10 日凌晨抵达目的地，上午 10 点与疾控中心人员完成接货。

新疆医药冷链行，健康在传递

5 300 多公里，跨越东西部 7 省，4 天 3 夜，全程温控 2～8℃。

顺丰冷运用专业和严谨丈量祖国东西的土地，用高效和用心成就客户和人民的需求。

从医药冷链业务初始至今，顺丰冷运在极端气候和特殊地域医药冷链配送中完成了一次次任务，并不断汲取经验，在不同模式下的医药冷链运输中会持续发力，不断优化。

（资料来源：https://www.sf-express.com/cn/sc/case_share/detail/0a138955-284f-11e8-9291-60c5479253e4/. 有改动）

5.3 物流客户服务质量管理的基本过程

5.3.1 构建物流客户服务质量体系

物流服务的质量管理有两大基本职能，分别是质量保证和质量控制。质量保证是以维护客户的利益，让客户满意为目标的，这也是物流服务质量管理的根本目标；而质量控制是以保证物流服务的全过程达到既定的质量标准为目标的，是质量保证的基础。只有以健全的质量管理体系为依托，采用科学的管理方法，才能够实现物流服务质量管理的这两大基本职能。

按照全面质量管理的思想，物流服务质量管理体系应当具备以下要素。

（1）质量管理体系结构

质量管理体系结构是进行物流服务质量管理的基本框架，在这个框架中应当明确质量管理的层级关系、各部门的目标、职责和权限等，通过组织结构的形式将管理过程中的各个环节、各种资源协调起来，使其相互配合、相互协调，成为一个完整的质量管理体系。

（2）质量政策

质量政策是企业进行物流服务管理的根本依据，应当为物流服务质量管理提供明确的宗旨和方向。质量政策应当明确企业物流服务水平、质量管理的方针和目标、质量保证措施、人力资源政策及激励制度等内容，同时应当采取有效的措施，保证其被企业的全体员工所理解。客户满意的程度是很难度量的，质量管理者必须根据客户的需求，并结合企业内、外部环境，制定出一系列可识别的物流服务质量管理目标。同时，应当将企业的质量管理目标层层细化，直至形成具体操作过程的质量管理规范。

（3）程序文件

物流服务质量管理的每一个环节都应当形成程序文件。程序文件既是对物流服务质量管理过程的描述，又是进行质量保证和质量控制的依据。通过严格执行程序文件，可以使服务质量始终在受控状态，降低各环节出现质量问题的可能性。程序文件没有固定的格式，应当根据企业的管理模式、企业开展物流活动的具体特征及质量管理体系的结构形式制订。

（4）控制系统

由于环境的不确定性，计划的执行情况与期望目标总是会有差异的。控制的过程就是要使二者保持一致，确保所期望目标实现的过程。

（5）资源要素

构成物流服务质量管理体系的资源要素包括信息资源、人力资源和物质资源三部分。

1）信息资源。服务质量体系需要服务质量信息系统的支持。对信息资源的投资，就像对其他物质资源的投资一样，目的都是为了提高和加强服务企业的竞争优势。以高质量服务著称的组织通常很善于把握客户的想法，并能把来自客户的质量反馈信息加以处理，使之成为质量控制和改进的依据。

2）人力资源。人是服务企业最重要的资源，几乎所有的服务都由服务企业的员工来提供。能否实施有效的质量管理，人的因素是具有决定性的。由于服务是一种情绪性的工作，管理好服务体系中的人力资源必须做到三点：合适的岗位、激励制度与及时的培训。

3）物质资源。所有的服务企业提供客户服务，建立完善的服务质量体系都要对基础设施及设备建设投入大量的资金，这些基础设施及设备包括：基本的装修和服务工具，有关客户的信息系统，管理的通信网络，备用物资的储备等。

5.3.2 物流客户服务设计

物流客户服务设计是影响客户服务质量的主要因素，优化物流企业的服务设计，必须考虑四方面的效益：时间效益、降低成本、规模效益、协同运作效益。

（1）时间效益

随着信息技术的发展，人们对于时间的认识也越来越深刻。企业可以通过先进快捷的信息传递获得需求信息，并进行准时化生产，使减少库存、缩短库存周期成为可能。

一般从"延迟"和"集运"两个概念上实现物流时间的缩短。

1）延迟。这里所说的延迟是一种减少预测风险的策略。它是指在保证物流业务运作准确性的前提下，尽量减少不必要的等待时间。传统的物流管理往往依靠预测来决定库存的大小，保证一定的库存量。如果需求变得完全确定，则产品的订购可以推迟到最后进行。企业实施物流延迟能够帮助企业完全摆脱由预测型运作模式引发的库存风险，提高客户满意度。戴尔电脑公司是把制造延迟和物流延迟结合产生巨大经济效益的典范，在完成大规模生产的同时，又实现了个性化定制，全球订货提前期降至48小时以内。

2）集运。集运就是希望利用规模经济来降低成本的集中策略。一种是从地理上考虑把一个区域内的不同客户的货物集中起来运输，另外一种是将某一个时间段内的订单合起来运输，显然集运需要考虑到成本的节约和客户服务水平之间的平衡。在物流中存在着一对矛盾，即规模经济性与客户需求多样性之间的矛盾。集运策略比较好地处理了这对矛盾，但在很多地方还不得不采用小量甚至单件运输的方式。在有些场合下采取集中运输的策略能够获得更好的效果。

（2）降低成本

物流管理的成本降低战略在于对物流的各个功能环节进行成本—效益分析，杜绝浪费现象，减少运输损坏、废弃、次品等；对拿取工件、放置物品、集中零件及寻找工具等不产生附加价值的无用功通过工序分析或流程再造使之最小化，增加推进工序前进、创造商品价值和使用价值的有用功的比重，从而减少浪费、降低成本。

（3）规模效益

物流作为一个环节复杂的流程，涉及的成分较多，是企业中最容易实现规模效益的领域。通过企业的物流各部门活动在综合的层面上进行统一的计划、组织和实施，将有效地使企业在节省企业物流成本的同时扩大物流效益，达到规模经营的效果。事实证明，企业绝大多数的物流服务利益产生于规模效益。

（4）协同运作效益

物流管理的协同运作效益是使各个物流运作部门或相关企业都有符合企业物流要求的核心专业化，使得各个运作部门或相关企业与其他部门或企业相比，具有更为雄厚与优越的提供物流相关功能服务的地位与优势，即比较优势，它能够使企业获得额外的附加利益。为实现协同运作，企业必须在对所建立的物流服务网络的资源进行统一的资源规划的同时，强调合作，将各个部门之间或与相关企业间的服务链附加长期性合作因素，将更多有关合作的相关信息在运作部门间公开化，通过实时的信息传递与交换，实现物流计划的共享与共制，从而基于信息的连接，在各个运作部门之间建立一个互动的合作平台，确保企业的物流业务能够被及时有效地完成，达到协作的"多赢"效应，使企业获得最大的协同运作效益。

要达到协同运作效益，企业必须在各个运作部门间建立一起工作的共同期望，明确各个运作部门或相关企业所承担的物流活动环节的相关工序的顺序与衔接，以一定层次的信息共享为基础，建立对物流计划的共享与共制，从而在高效完成物流任务的同时，更进一步地追求更高的优势与更强的整合核心能力。

5.3.3 物流客户服务提供过程质量管理

物流客户服务提供过程是指将物流服务从服务提供者到服务消费者的流程。提供过程的质量管理主要包括如下几个方面。

1. 服务供方的评定

企业作为服务的供方，要保证服务提供过程质量，就要对是否遵守已规定的服务规范，以及对服务规范进行监督，在出现质量偏差时对服务提供过程进行调查。企业要测量、验证关键的过程活动，避免出现不符合客户需要的倾向和客户不满意，并将企业员工的自查，作为过程测量的一部分。

企业进行过程质量测量的一个方法是绘制服务流程图，显示工作步骤和工作任务，确定客户服务节点，找出服务流程中的管理人员不易控制的部分、不同部门之间的衔接等薄弱环节，分析各种影响服务质量的因素，确定预防性措施和补救性措施。

服务过程质量控制关系到服务业中每一个人，各种质量控制制度应能发掘质量缺陷及奖励质量成功，并协助改善工作。能使用机器的工作尽量使用机器，尤其是取代那些例行性服务，应有助于质量控制。

2. 客户评定

客户评定是对服务质量的基本测量，客户的反映可能是及时的，也可能是滞后的或回顾性的。很少有客户愿意主动提供自己对服务质量的评定，不满的客户总是在不预先给出允许采取纠正措施的信息前就停止使用或消费服务。

对客户满意方面的评定和测量，应集中在服务提要、服务规范、服务提供过程满足客户需要的范围内。服务企业经常会发生以为提供的是优质服务，但客户可能并不满意的事，这可能表明了规范、过程或测量中的缺陷。

客户评定与服务企业自身评定相结合，评价两者之间的相容性，可以为改进服务质量、采取改进措施提供帮助。

3. 不合格物流服务的补救

没有任何物流服务质量体系能绝对保证所有的物流服务都是可靠的、无缺陷的，不合格服务在企业是不可避免的，对不合格服务的识别和报告是企业内每个员工的义务和责任。物流服务质量体系中应规定对不合格服务的纠正措施的职责和权限，尽早识别潜在的不合格服务。不合格服务的重复出现可能意味着服务可靠性发生了严重问题。由于可靠性是优质服务的基础和核心，当一个企业的服务缺陷连续不断地出现时，其他任何事情对客户来说，都变得不重要了。再好的服务补救措施也不能有效地弥补持续的服务不可靠对客户造成的不良影响。

服务质量体系针对不合格服务的补救应有两个阶段。

（1）识别不合格服务

要识别不合格服务，成功地将服务问题揭示出来，就必须建立一个有效的系统来监测客户的抱怨，进行客户研究、监测及记录服务过程的工作状况。

1）监测客户的抱怨。要完整地了解客户的抱怨，并不能仅仅通过客户的投诉就能清楚，因为大多数经历不合格服务的客户往往并不向服务企业投诉和抱怨，却会向多达十个以上的人传诉他们消费不合格服务的经历。对服务企业直接投诉和抱怨的客户，其不合格服务的补救就较容易做到，只需采取必要的外部行动，向客户道歉，并承认服务企业确实存在让他们不满意的地方，而且将纠正措施及时通知他们。但对经历不合格服务但又不进行抱怨的客户，唯一的补救办法是通过客户研究，将不合格服务找出来。

2）进行客户研究。进行客户研究的目的是识别不合格服务，研究的方式可以是定性的，也可以是定量的。以客户身份亲身经历是识别一项服务的可能不合格的有效途径。

3）监测及记录服务过程。对服务过程的详细流程图进行细致检查，找出其中的缺陷和失败点，以及服务圈中存在潜在问题的地方，进行重点监测，形成文件记录，并且对过去的不合格服务进行系统的追踪和分析。一旦找出了潜在的缺陷，就要对可能出现不合格的环节实行细致的观察，而且制订应对不合格服务的计划，以使问题发生时能进行有效处理。

（2）处理不合格服务

在客户看来，不能积极地处理不合格服务，往往是比出现基本的服务问题更为严重的缺陷。一些基本的服务问题，客户很可能会发现并将它作为不可避免的事情来对待，但服务企业若不能解决已经暴露的不合格服务，客户则往往更加不能容忍。企业要采取积极的措施以满足客户的要求。在服务质量体系中，可通过以下三点得到保证。

1）让员工为不合格服务的纠正做准备。不能让员工毫无准备地面对服务问题而做出反应。服务人员没有能力或不愿意对意外情况做出有效反应，这是一个普遍存在的难题。在服务质量体系中，应当通过对员工在沟通技巧、创造力、应变能力和对客户的理解方面进行培训，使员工有准备地面对不合格服务，满足客户的需求。

2）充分授权给第一线员工。不合格服务几乎都发生在客户和第一线员工之间，客户面对不合格服务时，最直接的反应能让第一线员工感觉到。培训员工而不对员工充分授权，是无益于解决客户问题的。给员工以满足客户需求的权力与培训员工具有解决不合格服务的能力同样重要。授权给员工还能让员工工作更便利。

3）奖惩员工。服务质量体系规定，对能正确识别并能采取积极措施来处理不合格服务以满足客户需求的员工进行适当的奖励。

5.4 物流客户服务绩效评价

绩效评价应当建立完善的、立体的评价指标体系，应当能够从不同层次、不同侧面反映物流服务绩效的总体水平。高质量的物流客户服务可以有效地提升客户价值、增加客户的满意程度，是巩固原有客户和开发新客户的基础。客户服务活动本身所固有的特性决定了作为服务对象的客户总会或多或少地参与到服务过程当中，这就增大了客户服务绩效评价的难度。

5.4.1 物流客户服务质量评价指标

1. 评价范围

指标指的是从哪些方面来对服务质量进行衡量或评价。由客户角度出发度量物流服务质量的 9 个评价指标。

1）人员沟通质量。人员沟通质量指负责沟通的物流企业服务人员是否能通过与客户的良好接触提供个性化的服务。一般来说，服务人员相关知识丰富与否、是否体谅客户处境、能否帮助客户解决问题会影响客户对物流服务质量的评价。这种评价形成于服务过程之中。因此，加强服务人员与客户的沟通是提升物流服务质量的重要方面。

2）订单释放数量。订单释放数量与货物可用性概念相关。一般情况下，物流企业会按实际情况释放（减少）部分订单的订量（出于供货、存货或其他原因）。对于这一点，尽管很多客户都有一定的心理准备，但是，不能按时完成客户要求的订量会对客户的满意度造成影响。

3）信息质量。信息质量指物流企业从客户角度出发提供产品相关信息的多少，包含了产品目录、产品特征等。如果有足够多的可用信息，客户就容易作出较有效的决策，从而减少决策风险。

4）订购过程。订购过程指物流企业在接受客户的订单、处理订购过程时的效率和成功率。调查表明，客户认为订购过程中的有效性和程序、手续的简易性非常重要。

5）货品精确率。货品精确率指实际配送的商品和订单描述的商品相一致的程度，应包括货品种类、型号、规格准确及相应的数量正确。

6）货品完好程度。货品完好程度指货品在配送过程中受损坏的程度，如果有所损坏，那么物流企业应及时寻找原因并及时进行补救。

7）货品质量。这里指货品的使用质量，包括产品功能与消费者的需求相吻合的程度。

8）误差处理。误差处理指订单执行出现错误后的处理。如果客户收到错误的货品，或货品的质量有问题，都会向物流供应商追索更正。物流企业对这类错误的处理方式直接影响客户对物流服务质量的评价。

9）时间性。时间性指货品是否如期到达指定地点，包括从客户下单到订单完成的时间长度，受运输时间、误差处理时间及重置订单的时间等因素的影响。

2. 物流服务质量评价的重要指标

衡量物流服务质量的重要指标是根据物流服务的最终目标确定的，即是"目标质量"的具体构成内容，围绕这些指标，在工作环节中，各项工程又可以制定出实现"分目标"的一系列质量指标，这就形成了一个质量指标体系，下面介绍其中的几个主要指标。

（1）物流目标质量指标

1）服务水平指标：

$$F = \frac{满足要求次数}{用户要求次数} \times 100\%$$

或者以缺货率表示为

$$Q = \frac{缺货次数}{用户要求次数} \times 100\%$$

2）满足程度指标：

$$M = \frac{满足要求数量}{用户要求数量} \times 100\%$$

3）交货水平指标：

$$J_{水} = \frac{按期交货次数}{总交货次数} \times 100\%$$

4）交货期质量指标：

$$J_{天} = 规定交货期 - 实际交货期$$

5）商品完好率指标：

$$W = \frac{交货时完好的商品数量}{交货时商品总数量} \times 100\%$$

或者以缺损率表示为

$$Q' = \frac{缺货商品量}{交货商品总量} \times 100\%$$

也可以用货损货差赔偿费率表示为

$$P = \frac{受损货差赔偿费总额}{同期业务收入总额} \times 100\%$$

6）物流吨费用指标：

$$C = \frac{物流费用}{物流总量}$$

（2）仓库质量指标

1）仓库吞吐能力实现率：

$$T = \frac{期内实际吞吐量}{仓库设计吞吐量} \times 100\%$$

2）商品收发正确率：

$$S = \frac{某批吞吐量 - 出现差错总量}{同批吞吐量} \times 100\%$$

3）商品完好率：

$$W_{库} = \frac{某批商品库存量 - 出现缺损商品量}{某批商品库存量} \times 100\%$$

4）库存商品缺损率：

$$Q'_{库} = \frac{某批商品缺损量}{该批商品总量} \times 100\%$$

注：以上是以用户为对象，确定每批商品的质量指标，如果是对仓库总工作质量评定，其指标的计算应将"某批次"的数量改换为"期内"的数量。

5）仓库面积利用率：

$$M = \frac{仓库可存放物品面积}{仓库总面积} \times 100\%$$

6）仓库利用率：

$$R = \frac{仓库实际存储商品的数量或面积}{仓库额定存储商品的数量或面积} \times 100\%$$

7）设备完好率：

$$W_{设} = \frac{期内设备完好台数}{同期设备总台数} \times 100\%$$

8）设备利用率：

$$L = \frac{设备实际总工作时数}{设备额定总工作时数} \times 100\%$$

9）单位日仓储成本：

$$C_{仓} = \frac{平均每天存储费用}{平均每天库存量}$$

（3）运输环节质量指标

运输环节质量指标有许多和仓库质量指标类似，这里介绍几个质量指标。

1）正点运输率：

$$Z = \frac{正点运输次数}{运输总次数} \times 100\%$$

2）满载率：

$$M_{运} = \frac{车辆实际装载量}{车辆额定装载量} \times 100\%$$

3）运力利用率：

$$Y = \frac{运输实际周转量}{运输额定周转量} \times 100\%$$

5.4.2 物流客户服务绩效评价方法

1. 行为导向型主观评价方法

行为导向型主观评价方法就是对员工行为是否符合组织要求进行主观评价的方法，这种评价方法主要包括以下几种。

（1）排列法

排列法也称排序法、简单排列法，是绩效评价中比较简单易行的一种综合比较的方法。这种方法优点是简单易行，花费时间少，能使考评者在预定的范围内组织评价并将下属进行排序，从而减少考评结果过宽和趋中的误差。

（2）选择排列法

选择排列法也称交替排列法，是简单排列法的进一步推广。使用本法时，不仅上级可以直接完成排序工作，还可将其扩展到自我评价、同级评价和下级评价等其他考评方式之中。

（3）成对比较法

成对比较法也称配对比较法。应用成对比较法，能够发现每个员工在哪些方面存在明显的不足和差距，在涉及人员范围不大、数目不多的情况下宜采用本方法。

知识链接

行为导向型主观评价方法的优缺点

优点：当绩效管理主要是为了区分员工绩效时，该方法就显得特别重要并且避免了过严或过宽及居中趋势的误差。如该绩效衡量结果被应用在加薪、决策等此类管理决策方面，这种方法显得特别有价值。

缺点：无法与组织的战略目标联系在一起；主观性较强；其可信度和绩效往往取决于评价者本人；从反馈目的看缺乏具体的依据，这种方法的评价结果不为大多数员工和管理者所接受。

---

2. 行为导向型客观评价方法

行为导向型客观评价方法是根据一定的客观评价标准对员工进行评价的方法，这种评价方法主要包括以下几种。

（1）关键事件法或重要事件法

关键事件法对事不对人，以事实为依据，考评者不仅要注重对行为本身的评价，还要考虑行为的情境，可以用来向员工提供明确的信息，使他们知道自己在哪些方面做得较好或者不好。

（2）行为锚定等级评价法

这种评价方法将同一职务工作可能发生的各种典型行为进行评分度量，建立一个锚定评分表，以此为依据，对员工工作中的实际行为进行测评。

（3）行为观察法

这种评价方法适用于对基层员工工作技能和工作表现的考察。

（4）加权选择量表法

这种评价方法的具体形式是用一系列的形容性或描述性语句，说明员工的各种具体的工作行为和表现，并将这些语句分别记在量表中，作为考评者评定的依据。

知识链接

行为导向型客观评价方法的优缺点

优点：与组织的战略联系较为紧密，向员工提供明确的绩效指导和反馈；使用这一技术的人也参与了开发和设计，因此可接受程度高。

缺点：必须时常地对行为的衡量进行监控和修正，才能保证其与组织的目标联系在一起；不太适合比较复杂的工作。

---

3. 结果导向型评价方法

结果导向型评价方法就是根据员工的工作成果对员工进行绩效考评的方法，这种方法主要包括以下几种。

（1）目标管理法

目标管理法体现了现代管理的哲学思想，是领导者与下属之间双向互动的过程，其基本步骤是：战略目标设定→组织规划目标→实施控制。

（2）绩效标准法

绩效标准法与目标管理法相近，其采用更直接的工作绩效衡量的指标，通常适用于非管理岗位的员工，衡量所采用的指标要具体、合理、明确，要有时间、空间、数量、质量的约束限制，比目标管理法有更多的考评标准，而且标准更加具体、详细。

（3）直接指标法

直接指标法采用可监测、可核算的指标构成若干考评要素，作为对下属的工作表现进行评估的主要依据。

（4）成绩记录法

成绩记录法是新开发出的方法，比较适合用来考评从事科研教学工作的人员，如教师、工程技术人员等。

知识链接

结果导向型评价方法的优缺点

优点：当员工的工作任务的具体完成方法不重要，而且存在着多种完成任务的方法时，结果导向的评价方法就非常适用。

缺点：由于员工绩效的多因素性，员工的最终工作结果不仅取决于员工个人努力和能力的因素，也取决于宏观经济环境和微观工作环境等其他因素。因此，以结果为导向的绩效考评：一是很可能缺乏有效性；二是可能强化员工只重结果而不择手段的倾向；三是在团队组织中，强调个人绩效的方法会导致不良竞争，不利于组织的工作绩效；四是无法为员工提供如何改进工作绩效的明确信息。

小　结

质量是企业生存与发展的根本。对物流管理者来说，构筑完善的物流客户服务质量管理体系，保证与控制物流客户服务过程的质量，提供让客户满意的服务是应尽的职责。评价对企业找出差距和提高物流服务质量有重要意义。

本单元从物流客户服务质量含义入手，详细描述物流客户服务质量内容与要素及物流客户服务质量标准的内容，物流客户服务质量的形成，阐述物流客户服务质量体系构成，物流客户服务质量管理中设计管理、过程管理涵盖的内容，并且详细介绍客户服务绩效评价、评价标准。

练 习 题

一、名词解释

技术质量　　功能质量　　物流客户服务质量

二、填空

1. 物流服务质量主要来自_____、_____、_____三个方面。
2. 物流客户服务质量的内容包括_____、_____。
3. 物流客户服务质量测量的方法有_____、_____。

三、问答

1. 简述物流客户服务质量的内涵。
2. 简述物流客户服务质量的元素。

3. 物流客户服务质量评价标准是什么？

4. 提高物流客户服务质量的方法有哪些？

四、课堂实训

目的：掌握处理客户投诉能力。

任务：用角色扮演法模拟客户投诉及解决的工作过程。

五、课外实践

目的：树立正确客户服务质量观念，培养良好客户服务情感，掌握提高客户服务质量的技巧。

任务：参观物流企业，观察客户服务过程。

拓展阅读：上海友谊集团为客
户提供个性化的物流服务

单元 6 物流客户满意度评价

● **知识目标**

1. 了解物流客户满意的含义、内容和层次。
2. 理解物流客户满意度的含义、影响因素。
3. 掌握提高物流客户满意度的技巧。
4. 掌握物流客户满意度评价的原则、内容、程序和方法。

● **能力目标**

1. 能够根据影响物流客户满意度的因素，进行客户满意度分析。
2. 学会设计物流客户满意度调查问卷并进行调查、分析。

● **情感目标**

1. 树立以客户满意为己任的思想。
2. 培养良好的客户服务态度。

中远海运与中国邮政携手开辟疫情期间国际邮件运输新通道

2020 年 4 月，随着新冠肺炎疫情在全球的蔓延，海外个人物资特别是医疗防疫物资寄送的需求激增。面对多家航空公司大范围减航的紧张局面，为保证国际邮件正常发运，中远海运与中国邮政携手开辟了国际邮件海运服务。

4 月 10 日搭载着中国邮政国际邮件的中远海运集装箱船从上海出发分别驶向日本和新西兰，首开国际邮运新模式。4 月 19 日整整 3 个 40 英尺[①]高箱邮件从上海出发驶往中东地区，进一步提升了国际邮件海运的规模，有力保障了国际邮路和防疫物资运输渠道的畅通。

国际邮件运输对于时间和安全性都有较高的要求，特别是个人物资寄送地点的相对分散、物资种类的多样更是对运输服务提出了个性化的需求，这些都考验着海运服务的组织协调能力。中远海运集运为此组建了"物流专班"专项工作组，全面统筹中国邮政国际邮件海运业务的开展。

4 月 3 日，在收到中国邮政发来的由上海到日本横滨、新西兰奥克兰订舱需求的当天上午，专项工作组就精心制订了相应的运输方案，并安排操作团队迅速为中国邮政开启了绿色操作通道，第一时间进行了快速服务响应，订舱、预配、提箱均得以顺利进行。

虽然时值清明假期，但中远海运集运制订的专属操作方案，实时对接中国邮政的提空箱、装箱、重箱进港、海关放行等信息动态，及时解决了操作过程中的一系列问题，使得服务丝毫不受假期影响。

目前，上海到日本的首批邮包已于 4 月 15 日成功运抵目的港横滨。而根据船期，上海到新西兰的首批邮包将于 5 月 2 日到达奥克兰，上海到中东地区的首批邮包将于 5 月 24 日抵达海法。

在上海口岸的成功试运行为进一步做强国际邮件海运业务奠定基石，随后更多由上海发往新西兰、中东地区的邮包已陆续完成订舱，发往巴西的邮包也将计划在 4 月底起运。这也为广州、天津等其他口岸的国际邮件海运业务开拓提供了成功的样板。

随着由中国到日韩、中东、欧美、非洲和南美等各地海运邮路的陆续开通，中远海运集运进一步构建起了更加多元高效的海外防疫物资运输绿色通道。

（资料来源：http://www.chinapost.com.cn/html1/report/20041/3950-1.htm. 有改动）

案例解析 中远海运集运坚持以客户为中心，依托全球化航线、端到端运输、信息
系统的网络优势，积极创新服务模式，为客户提供高质量的全程端到端
运输服务的能力；彰显了中远海运和中国邮政两家央企充分发挥协同效

[①] 1 英尺=0.3048 米。

应，积极履行社会责任，携手为全球疫情防控提供更大支持的使命担当。

案例思考
1）你是如何理解中远海运和中国邮政两家央企的经营理念的？
2）为什么中远海运与中国邮政携手开辟了国际邮件海运服务？
3）结合案例分析，什么样的物流服务让客户满意？中远海运和中国邮政两家央企在服务过程中是如何履行社会责任，携手为全球疫情防控提供支持的使命担当的？
4）读了这个案例后，你有什么想法？

6.1 物流客户满意

6.1.1 物流客户满意的含义

物流客户满意就是客户接受物流企业所提供的产品或服务过程中所感受到需求被满足的状态。这种感觉决定他们是否继续接受物流企业的产品或服务。一个客户将会经历三种状态中的一种：如果绩效不及期望，客户会不满意；如果绩效与期望相称，客户会满意；如果绩效超过期望，客户将会非常满意。物流企业不断追求客户的高度满意，原因就在于一般满意的客户一旦发现更好或者更便宜的产品或服务后，会很快地更换供应商，只有那些高度满意的客户不会更换供应商。

谈一谈： 回顾以往生活，说说最让你满意的一次服务经历和最让你不满意的一次服务经历。

6.1.2 物流客户满意的内容与层次

物流客户满意的内容分横向层面和纵向层面两个层次。

1. 横向层面

在横向层面上，物流客户满意包括以下几个方面的内容。

1）理念满意。理念满意即物流企业经营理念带给内外客户的满足状态，包括经营宗旨满意、经营哲学满意和经营价值观满意等。

我们唯一真正的老板只有一个，那就是顾客，只要他们把钱花到别的地方，就等于是炒了我们的鱿鱼，公司每个人的饭碗，都可能不保，就算是董事长也难以幸免。

——山姆·沃尔顿

2）行为满意。行为满意即物流企业全部的运行状况带给内外客户的满足状态，包

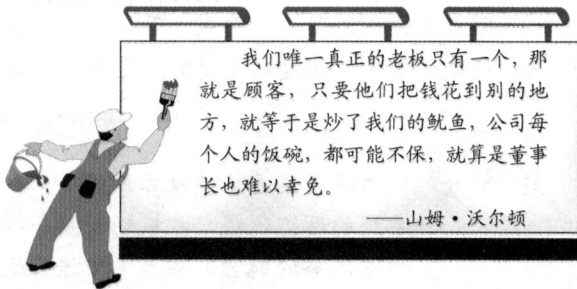

括行为机制满意、行为规则满意和行为模式满意等。

3）视听满意。视听满意即物流企业具有可视性和可听性的外在形象带给内外客户的满足状态，包括企业标志（名称和图案）满意、标准字满意、标准色满意及上述三个基本要素的应用系统满意等。

4）产品满意。产品满意即物流企业产品带给内外客户的满足状态，包括产品质量满意、产品功能满意、产品设计满意、产品包装满意、产品品位满意和产品价格满意等。

5）服务满意。服务满意即物流企业服务带给内外客户的满足状态，包括绩效满意、保证体系满意、服务的完整性和方便性满意，以及情绪和环境满意等。

2. 纵向层面

在纵向层面上，物流客户满意包括以下三个逐次递进的满意内容。

1）物质满意。物质满意即客户对物流企业产品的核心层，如产品的功能、设计和品牌等所产生的满意。

2）精神满意。精神满意即客户对物流企业产品的形式层和外延层，如产品的外观、色彩、装潢、品位和服务等所产生的满意。

3）社会满意。社会满意即客户对物流企业的产品和服务的消费过程中所体验到的社会利益维护程度，主要指客户整体（公众）的社会满意程度。它要求在对物流企业产品和服务的消费过程中，要具有维护社会整体利益的道德价值、政治价值和生态价值。

> **想一想：** 在经济飞速发展的今天，以上内容哪一方面是现阶段企业极力追求的目标？

经典案例

天下鲜果 一路顺丰

2016 年 11 月 1 日，顺丰携手赣南脐橙在江西赣州举行橘橙寄递行业解决方案发布会，再次掀起了水果寄递行业的讨论热潮。

顺丰针对橘橙寄递的特点，相较于以往的水果寄递方案做出极大创新和改良。除了提供多元化产品（服务）、扩大物流运输网络、提升运输时效外，还特别针对北方寒冷地区，因温差导致橘橙冻伤冻坏，研发了专门专属的包装方案。

为助力全国橘橙产业发展，实现互利共赢，顺丰速运实现了从枝头到餐桌的顺丰服务，并在橘橙寄递市场形成一套"顺丰标准"。顺丰速运始终秉承高品质物流服务，为橘橙经销商、果农提供专业的橘橙综合物流服务；同时，顺丰利用自有的渠道资源，帮助果农推广宣传本土橘橙品牌，创造更大的经济价值和品牌价值。

（资料来源：https://www.sf-express.com/cn/sc/case_share/detail/Fruits-Around-the-Globe-Ship-With-SF/.）

6.2 物流客户满意度

6.2.1 物流客户满意度的含义

物流客户满意度是指客户在接受物流服务时，实际感知的服务与预期得到的服务的差值。它是客户满意程度的常量感知性评价指标。

客户满意度是测量客户满意水平的量化指标，"满意"是客户通过对一种产品或服务的可感知效果或结果与其期望值相比较后所形成的一种愉悦或失望的感觉心理状态。

客户在选择服务之前，心目中就已经有了该服务应达到的标准，从而形成一种期望；在获得服务后，他们将服务的实际价值与自己的标准相比较，从比较中得到满意度。以乘坐出租车为例，乘客在乘车前的期望是："向'空'的出租车招手，司机停车，打开车门，进入车内，告诉司机目的地，最后车子驶出到达目的地。"如果实际的过程与事前期望一样，大多数人都不会有什么特殊感觉。但如果到达目的地后司机回身问候并赠送精美礼品，就会让乘客感到满意，相反，如果车中充满异味，则会导致乘客不满。

客户满意度用公式表示为

客户满意度＝理想产品－实际产品（理想产品为事前期望，实际产品为实际评价）

如图 6-1 所示为客户在购买之后，他们将产品和服务的实际评价与自己的标准相比较，从比较中判断自己的满意程度。

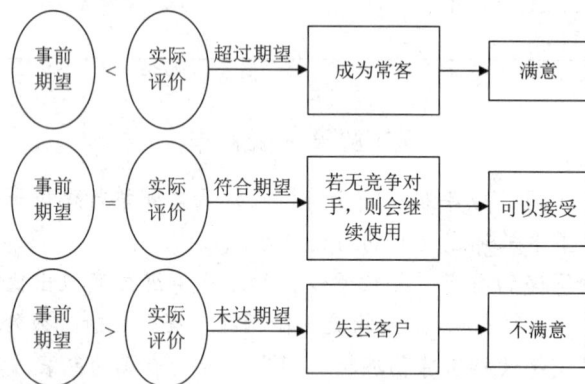

图 6-1　客户满意度

经典案例

手机新品首发，顺丰为您保驾护航

每年的手机新品首发都是粉丝们的狂欢，但新品首发对物流配送要求非常严格，顺丰作为某国际领先手机品牌的承运商，如何将新品快速、准确、安全地寄递到消费者手中，考验着顺丰的服务能力。2016 年某国际领先手机品牌新品订单分别从北京、上海始发，要求顺丰必须在指定日期完成所有新品派送，当日准时派送达成率 99.80%，派送首日城市 28 个，次日城市 161 个；在消费者收到新品前，顺丰必须对照片和实物保密，保证新品安全，零丢失，零损坏。对此，顺丰制定新品首发方案，从执行操作、风险管控、人力资源等方面做足了准备。

为保证新品派送时效，顺丰对首日派送城市明细及件量进行预测，运输环节对每个流向的车辆做了单独运输规划及执行监控安排，中转场提前安排好交接区、装卸区、滞留区、异常处理区域，新品到达分点部后，优先出仓，全员派送，派送前需 100%电联客户，当日完成三次尝试派送；为保证新品安全，运输车辆装备 GPS 系统，并在车厢内安装闭路电视系统，优先选择无犯罪记录、交通事故最少、驾车经验丰富的司机。装卸车货物交接必须在顺丰闭路电视系统下完成，每个流向运输路线准备至少三条，在发车前 30 分钟确定最终行驶路线；为保证新品信息保密，对临时场地进行安保改造，保证无死角监控，对人员资质进行审查，高规格安检，手机进入仓库必须提前报备，出仓后专人专车押运。

该手机品牌新品于 2016 年 9 月 16 日在大陆上市，顺丰当日实现 100%派送提前电话预约、100%成功派送率+首次尝试派送率、无破损、无遗失、无提前派送，获得客户及销售者的高度认可。

顺丰新品首发方案为国内 3C 行业新品首发寄递市场树立起"顺丰标杆"，为客户实现更大的经济价值，为消费者提供更好的物流服务体验，实现互利共赢！未来顺丰希望携手 3C 客户在供应链领域获得深度合作，包含物流配送、重货、仓储（含微仓）、金融、顺维修、国际货运等模块，为更多的合作伙伴创造价值、打造一流服务能力，与客户共同成长！

（资料来源：https://www.sf-express.com/cn/sc/case_share/detail/Release-of-New-iPhone-SF-Provides-You-with-Escort/. 有改动）

6.2.2　物流客户满意度的影响因素

物流客户满意度的影响因素很多，总的来说，主要包括服务项目、服务价格、服务质量、条件因素和个人因素等。物流是一个服务过程，在货品的储存、运输、配送、包装和流通加工等环节中，都是通过物流服务来实现客户的增值。物流服务质量主要是由时间质量、人员沟通质量、订单完成质量、误差处理质量、货品完好质量、灵活性（柔性）、便利性等 7 个因素决定。具体如下。

1）时间质量。这是指从客户下单到订单完成的时间长度。客户通常会从开始下单到订单完成的全过程综合考虑物流企业的时间质量，特别是，"下单的时间"、"重置订单的时间"、"递送速度"和"承诺日期交货"是影响客户满意度不可或缺的因素。

2）人员沟通质量。这是指负责沟通的物流企业服务人员是否能通过与客户的良好接触提供满意的服务。物流服务人员是客户与企业接触的桥梁，物流服务人员帮助客户解决问题的能力、相关知识、经验、对客户需求的理解，以及面对突发事件的处理态度都会影响客户满意度评价。

3）订单完成质量。这是指实际配送的货品和订单描述货品的一致程度以及货品的使用质量。由于"货品与订单一致"、"货品与需求相符"和"货品符合技术要求"将直接关系到客户企业的生产过程，所以订单完成质量可被视为物流这项服务产品的核心质量。

4）误差处理质量。这是指订单执行出现错误后企业的处理质量。客户收到错误的货品，或者货品质量有问题，都会向物流供应商追索更换，因此企业对误差处理是否得当，会对客户满意度产生重大的影响，这里主要涉及"质量差异应答"、"质量差异的修正"和"处理差异理由"三方面。

5）货品完好质量。这是指货品在配送过程中受损坏的程度。通常，"运送过程中货品无损"是客户对物流企业的基本要求。同时，采用"无野蛮装卸"和"科学分拣货品"也会影响客户对满意度的评价。

6）灵活性（柔性）。灵活性充分体现了目前变幻莫测的市场需求，其对客户自身的满意度和运行成本有着很大的关联，例如运输服务中的小批量运单完成率、进出口报关的及时性都是物流企业柔性化管理的表现。客户十分重视定价和渠道的灵活性。

7）便利性。这是指货品对客户而言的方便程度。如今，物流行业发展迅猛，竞争十分激烈，客户在关注标准化服务的同时，开始追求诸如便利性、包装等差异化服务。此外，门到门送货成为物流企业赢得客户满意的新法宝。

> **练一练**：画一幅描绘物流客户满意度的影响因素模型图。

6.2.3 提高物流客户满意度的技巧

1. 为物流客户提供个性化的产品和服务

随着生产技术的进步，企业可以在保持一定规模生产的同时，为客户提供满足其不同需求的个性化产品和服务，使客户获得满意的感受，从而促进销售。

例如，阿迪达斯公司在美国有一家超级市场，设立了组合式鞋店，摆着不是做好了的鞋，而是做鞋用的半成品，款式花色多样，有 6 种鞋跟，8 种鞋底，均为塑料制造的，鞋面的颜色以黑、白为主，搭带颜色有 80 种，款式有百余种，顾客进来可任意挑选自己所喜欢的各个部位，交给职员当场进行组合。只要 10 分钟，一双崭新的鞋便完成了。这家鞋店昼夜营业，职员技术熟练，鞋子的售价与成批制造的价格差不多，有的还稍便宜些。所以顾客络绎不绝，销售金额比邻近的鞋店多 10 倍。

据调研，顾客对于产品的个性化要求主要集中在外形、色彩、规模、型号和特殊的辅助性功能上，而对于产品的基本功能的需求则基本上是相同的，所以在现实中很多企业在实现产品个性化时，把更多的精力放在产品的外形设计和辅助性功能上。要做到个性化服务，需要做到以下几点。

1）面对面沟通，了解客户的真正需求，根据客户的需求意向预测产品和服务。

2）让客户参与产品或服务的设计，使客户感到产品是为他量身定做的。

3）提高企业生产的灵活性、快捷性，让客户时刻感受到个性化的享受。

4）做好企业的知名度和美誉度的宣传，使客户感到接受企业的产品和享受企业的服务是价值的体现。

5）在客户接受产品或服务时，使客户感到便利，及时配送。

6）完善售后服务。

安得物流公司针对不同客户的物流需求，在收集、分析、加工实时的物流信息的基础上，为客户设计整体物流方案，提供物流功能集成和社会物流集成服务，提高物流管理效率、降低经营成本。同时，在为客户提供高效仓储、快准运输、精益配送、整体物流方案策划、物流咨询的物流功能集成和社会物流集成服务以外，还针对企业需求，为客户提供条码管理、补货、包装、库存分析等多项增值服务。这些服务的实施，为客户快速反应、节约成本提供了可靠的保证。

2. 增强客户体验

客户在购买产品或服务时其实就是在接受一种体验，他们频频光顾某一企业的产品或服务，正是因为该企业创造了比竞争对手更让他们倾心的体验，让顾客信任。那么，企业如何才能增强良好的客户体验从而让客户信赖呢？

1）树立为客户服务的理念。服务市场的竞争，到今天已经延伸到理念的竞争。从海尔的"真诚到永远"，到海信的"一日承诺，立信百年"，再到创维的"客户，您是总裁"等无疑都是一些很好的服务理念。深受消费者喜欢的企业一般都具有良好的经营服务理念并能落到实处的企业。格兰仕的服务宗旨是"努力，让顾客感动"，那它是怎样落实到细处，让顾客感动的呢？江西赣州有位顾客去外地出差，买回一台微波炉，使用三个星期后出现了质量问题，于是打电话向公司求援，公司派人赶到赣州，发现他买的是某厂的冒牌货，为维护消费者利益，仍帮助他修好了。

2）制定合理有效的服务质量标准。客户服务水平与评价的无形性和主观性，使服务质量难以管理。例如，一批货物按照客户的要求，准时、安全地送达客户指定的地点，应当说，这是一次完美的服务，但不同客户在接受这一结果时，对此评价大相径庭，有的认为这是一次非常优秀的服务，有的认为物流服务就这样是很正常的，所以说制定物流服务质量标准是很有必要的。

对于物流服务质量标准的研究最传统的是 5Rs 理论，其核心是企业能在恰当的时间，以正确的货物状态和适当的货物价格，伴随准确的商品信息，将商品送达准确的地点。海尔集团根据其产品或服务的特点制定了有特色的、具体化的售后服务标准要求，即"12345"法则：1 个证件——上门服务要出示上岗证；2 个公开——公开统一收费标准并按标准收费，公开出示维修或安装记录单并在服务完毕后请客户签署意见；3 个到位——服务后清理现场到位，电器演示到位，向客户说明使用知识到位；4 个不准——不准喝客户的水，不准抽客户的烟，不准吃客户的饭，不准要客户的礼品；5 个一——递一张名片，穿一双拖鞋，自带一块垫布，自带一块抹布，赠送一件小礼品。

知识链接

衡量服务质量的标准主要有以下几点。

1）可靠性：企业是否按照国家标准、行业标准和承诺标准提供服务。

2）反应性：企业是否对客户需求具有快速反应的能力。

3）权威性：企业能否因为给客户提供服务而得到客户信任。

4）体贴性：企业能否为客户设身处地地设想和服务。

5）有形证据：企业是否有证据表明为客户提供了良好服务，客户是否感到享受服务的快乐。

3）向客户作出承诺后一定要兑现。客户评价企业服务的优劣主要是看其行。"一诺千金"有助于形成客户信任，一次失约会导致客户背离。

4）服务质量的考核和改进。企业应定期考核员工的服务质量，将考核结果及时地反馈给有关员工，奖励优秀员工，研究改进措施，不断帮助员工提高服务质量。高质量的服务可以提升企业形象，增强客户满意度，产生有利的口碑效应，鼓舞士气，增强员工和客户对公司的信任感。

3. 重视客户关怀

重视客户关怀就要关注服务客户时的细节，确保在客户接受产品和服务的客户体验的全部过程（包括售前、售中和售后）中，都要做到对客户有礼貌，理解、关心、爱护、尊重客户。

4. 正确处理客户不满和投诉

任何一个企业都不可能没有客户对其产品或服务不满，其在日常业务中不可避免地会产生一些失误，如业务人员操作失误、销售人员操作失误、供方操作失误、代理操作失误、客户自身失误、不可抗力因素等。对于大多数客户来说，他们很少把自己的不满向企业诉说，相反，他们总是一声不吭地选择其他产品或服务。及时、高效且表示出特别重视地，尽最大努力地去解决客户的不满和投诉，将有95%的客户还会继续接受企业的产品或服务。所以正确处理客户的不满和投诉非常重要。

"让客户开心"是处理客户不满、投诉的第一原则。不管客户的心情如何不好，也不管客户的投诉态度如何，服务人员做的第一件事就应该是平息客户的情绪，缓解他们的不快，并引导他们从不快中走出来，然后才能采取解决方案。

提升客户满意度就在倾听"抱怨"中

一位名叫赫斯的美国商人，当他开始从事飞机场的区间汽车服务时，先是把重点放在培训司机为顾客服务方面：比如怎样帮助顾客搬行李，怎样准确报站等，司机们也做得很好。但赫斯又发现自己没有意识到顾客的另一个迫切需求：对顾客来说，他们更看重两班车之间间隔的时间要短。这一服务上的缺陷也引起了不少顾客的抱怨，尽管事实上顾客平均等车时间为 7～10 分钟。可是一些顾客抱怨有时要等 15 分钟，赫斯认真地听取了顾客的这些抱怨，并认真地予以处理。后来，他规定：两班车之间的间隔标准时间为 5 分钟一班车，有时甚至只需 2～3 分钟。为此，赫斯投巨资购买了新车和雇佣新的司机，最终使顾客感到满意。赫斯的另一项业务是租车给乘飞机来该市的顾客，待他们回来乘飞机时再将车还回。由于租车的顾客大多数是商务人员，因此对人们来说最重要的是速度。赫斯发现多数顾客抱怨：尽管他们租车时的速度很快，但还车时速度太慢，还车时他们没有时间等在柜台前站队。赫斯还是很认真地倾听了他们的抱怨后，做了认真的处理：当顾客将车开到停车场时，服务人员就将"牌子"上的号码（车的风挡玻璃上设有车的编号牌）输入他手里拿的电脑里，这些电脑与主机相连，等到顾客到柜台前时，服务人员能叫出其姓名，整个手续也只需再问两个问题：里程数与是否加过油，然后就能把票据打印出来。这样一来，原本需要 10 分钟的服务缩短到只需 1 分钟，使顾客十分满意。从此以后，赫斯的公司生意非常兴隆。

（资料来源：http://www.emkt.com.cn/article/451/45112.html. 有改动）

6.3 物流客户满意度评价的具体内容

物流客户满意度评价是物流客户服务评价的一个重要方法，它是从客户感受的角度研究物流客户服务过程质量的方法，包括面向供应链终端客户的服务满意度评价和面向供应链伙伴的服务满意度评价。

6.3.1 物流客户满意度评价的原则、内容和意义

1. 评价原则

在物流客户服务评价过程中，有些通用性的准则，主要有以下几种。

1）准确性原则。在进行客户服务评价时，首先应明确，评价的目标对象是什么？功能目标是什么？不准确的目标、不准确的对象肯定会得出不准确的结论。

2）过程化原则。把客户服务放在供应链运行过程中考察，并且把客户服务本身作为一个过程考察，从各环节、各要素上发现问题，评价考证。即使是某个环节、某个节点上的专项客户服务评价，也应如此。

3）连续性原则。把客户服务评价作为一个连续性工作来做，每次评价虽然各有侧重，但整个过程、各次评价都应该相互关联。即使对于某一过程的某一环节的客户服务进行评价时，也应该采用不同方式连续进行，避免结论失真。同时，还要将经常性评价与专项评价结合起来，使评价连续地进行，减少随意性。

4）内部评价与外部评价相结合原则。从方式上看，客户服务可由企业内部评价，也可由专业评价机构评价，但最好是将二者结合起来。

2. 评价内容

1）测定客户预期的服务质量。要求客户配合回想以往消费该项服务的经验或口碑的影响，确定对该服务的预期质量水平，测评的指标包括对服务质量的总体期望值、对服务个性化的期望值和对服务可靠性的期望值。

2）测定客户近期所感受的服务质量。选择适当的客户，要求他们对近期接受的服务做出评价。测定的内容包括对当前经历的服务质量的总体评价、对服务个性化的评价和对服务可靠性的评价。

3）测定客户感知价值。要求客户评价付出的价格与所获得服务的质量等值的优劣。

4）测定总体客户满意度。测定总体满意度水平；测定服务优于或劣于期望水平的差距；测定现实服务与理想服务水平的差距。

5）测定客户抱怨。客户抱怨情况可以反映出企业与客户的沟通水平和管理水平。

6）测定客户忠诚度。测量客户获得服务感受后再接受服务的倾向性。

3. 评价意义

1）测定当前客户的总体满意水平。

2）从客户的意见和建议中寻找解决客户不满的办法，为管理者提供建议。

3）增强客户向他人推荐企业产品或服务的意愿。

4）降低老客户的流失率，减少负面影响。

知识链接

物流服务的模式和评价标准

以下 17 个项目，可以很全面地涵盖物流企业的基本服务活动。

1）影响客户服务的信用规定。

2）决定接受订单的条件。

3）供应短缺的货物。

4）客户服务组织及人员。

5）特殊订货及变更。

6）库存缺货和延期交货的处理。

7）交货时间。

8）索赔、退货及其他要求。

9）销售及客户服务的权限。

10）投诉程序及上诉的权利。

11）最小订货批量及标准订货批量。

12）订货周期及提前订货时间。

13）客户使用自备车辆提运订货。

14）产品回收的规定。

15）定制产品。

16）库存政策。

17）客户服务水平及标准。

这 17 个项目中又包括若干具体内容，大多数是针对具体业务环节制定的标准，它并非适用于每个物流企业，但标准化管理的思维应当是普遍适用的。

6.3.2　物流客户满意度评价的程序与方法

1. 物流客户满意度评价程序

对物流客户满意度进行评价，一般采取以下的程序进行。

1）进行客户满意度调查。企业自己或委托咨询、调查机构开展调查，收集客户满意度的信息。一般可用问卷法、协调办公法、专家共评法和技术分析法等，其中问卷法是最常用的方法，协调办公法和专家共评法是最有价值的方法。

2）进行客户满意度对比分析。根据客户、市场的反馈信息，将获得的资料和历史数据与竞争对手对比，找出差距，寻求改进方案。

3）实施改进方案，落实改进措施。

4）确认改进效果，不断提高客户满意度水平。

2. 物流客户满意度评价方法

（1）问卷法

这种方法是在物流客户满意度评价方法中被广泛使用的方法，比较简单。只要明确目标客户，锁定问题，所设问题不涉及企业机密和客户隐私就可以了。

调查问卷的内容应包括：客户的基本情况、总体满意度、服务指标（如服务内容、服务人员态度、响应时间等）、沟通渠道和主动服务、与竞争对手的产品和服务方面的比较、客户再次购买和向其他人推荐的概率、问题与建议等。

（2）协调办公法

协调办公法就是合作各方聚集在一起，共同探讨合作过程中的不足，商讨解决问题的措施，完善服务的方案的一种方法。此种方法最大的特点：能互通信息，表达真实愿望，及时进行评价，解决实际问题。这种方法应和问卷法一起使用，做到务实。

（3）专家共评法

专家共评法是由专家组对物流伙伴的服务进行专业性综合评价，掌握服务现状，发现影响服务质量提高的深层次原因，制订解决方案和操作规程的一种方法。在影响供应链伙伴关系的服务质量的因素中，有一些是观念因素、人为因素，还有许多是技术因素，有些技术因素的影响可能并不是员工所能解决的，此时就应该聘请专家进行共评。

注意，这种方法不能由物流企业单独开展，而是各合作伙伴共同组建专家组，共同开展评价，这样才能使各方受益。

练一练：根据下面的调查问卷表，自己设计一份物流客户满意度评价的问卷。

知识链接

德邦物流客户满意度调查问卷

尊敬的客户：

您好！为了帮助我们不断地改善服务质量，使您享受到更优质的服务，特请您填写此问卷。您对德邦真实的评价和满意度情况对我们服务的改进非常重要。这份问卷将大约花费您 5 分钟的宝贵时间。对每一份完整且有效的答案，会员客户将得到 500 积分奖励，非会员客户可以免费申请会员。

非常感谢，祝您一切都好！

第一部分：客户基本信息

Q1. 您的姓名_____

Q2. 所属行业_____

    A. 通信业   B. IT/电子业   C. 机械制造业   D. 医药业

    E. 服装纺织业   F. 金融业   G. 汽配业   H. 印刷广告业

    I. 日化工业   J. 其他行业

Q3. 您与德邦的合作年限_____

Q4. 您经常合作的营业部_____（只需填写一个合作最多的营业部）

Q5. 如果您是会员，请填写您的会员卡号_____（以便给您赠送积分）

Q6. 如果您不是会员，请填写您的电话号码_____（以便您免费申请会员）

第二部分：调查内容

Q7. 总体而言，您对德邦物流的整体表现（   ）

    A. 非常满意   B. 满意   C. 一般   D. 不满意   E. 非常不满意

Q8. 您的货物是否出现过以下情况？（在选项后面打钩）

A. 丢失（   ）   B. 破损（   ）   C. 包装变形（   ）

Q9. 总体而言，您对德邦在货物安全方面的表现（   ）

　　A. 非常满意   B. 满意   C. 一般   D. 不满意   E. 非常不满意

Q10. 具体而言，您会怎样评价德邦物流的安全在以下各方面的表现

① 货物包装安全（   ）

　　A. 非常满意   B. 满意   C. 一般   D. 不满意   E. 非常不满意

② 装卸安全（   ）

　　A. 非常满意   B. 满意   C. 一般   D. 不满意   E. 非常不满意

③ 运输安全（   ）

　　A. 非常满意   B. 满意   C. 一般   D. 不满意   E. 非常不满意

Q11. 总体而言，您对德邦价格的整体表现（   ）

　　A. 非常满意   B. 满意   C. 一般   D. 不满意   E. 非常不满意

Q12. 具体而言，您会怎样评价德邦物流的价格在以下各方面的表现

① 最低一票收费合理性（   ）

　　A. 非常满意   B. 满意   C. 一般   D. 不满意   E. 非常不满意

② 附加费用合理性（   ）

　　A. 非常满意   B. 满意   C. 一般   D. 不满意   E. 非常不满意

③ 收费项目清晰度（   ）

　　A. 非常满意   B. 满意   C. 一般   D. 不满意   E. 非常不满意

④ 价格灵活性（   ）

　　A. 非常满意   B. 满意   C. 一般   D. 不满意   E. 非常不满意

⑤ 收费稳定性（   ）

　　A. 非常满意   B. 满意   C. 一般   D. 不满意   E. 非常不满意

⑥ 收费准确性（   ）

　　A. 非常满意   B. 满意   C. 一般   D. 不满意   E. 非常不满意

⑦ 解答您对收费的疑问（   ）

　　A. 非常满意   B. 满意   C. 一般   D. 不满意   E. 非常不满意

Q13. 您经常使用的线路是（   ）

Q14. 您对时效的要求是（   ）

　　A. 越快越好，最好提前到货

　　B. 能准时到就行，但不能迟到

　　C. 最好准时到，稍迟点也能理解

Q15. 如果德邦物流时效变快，对您的发货量有何影响（   ）

　　A. 发货量一定增多   B. 发货量可能增多   C. 不一定

　　D. 发货量可能不会增多   E. 完全不会影响我的发货量

Q16. 总体而言，您对德邦物流在时效方面的表现（   ）

A. 非常满意　　　B. 满意　　　C. 一般　　　D. 不满意　　　E. 非常不满意

Q17. 具体而言，您会怎样评价德邦物流的时效在以下各方面的表现

① 货物运输速度（　　　）

A. 非常满意　　　B. 满意　　　C. 一般　　　D. 不满意　　　E. 非常不满意

② 运输稳定性（　　　）

A. 非常满意　　　B. 满意　　　C. 一般　　　D. 不满意　　　E. 非常不满意

③ 货物跟踪（　　　）

A. 非常满意　　　B. 满意　　　C. 一般　　　D. 不满意　　　E. 非常不满意

④ 异常情况通知（　　　）

A. 非常满意　　　B. 满意　　　C. 一般　　　D. 不满意　　　E. 非常不满意

⑤ 通知提货及时性（　　　）

A. 非常满意　　　B. 满意　　　C. 一般　　　D. 不满意　　　E. 非常不满意

Q18. 总体而言，您对德邦的营业网点的整体表现（　　　）

A. 非常满意　　　B. 满意　　　C. 一般　　　D. 不满意　　　E. 非常不满意

Q19. 具体而言，您会怎样评价德邦物流的营业网点在以下各方面的表现

① 新员工业务能力（　　　）

A. 非常满意　　　B. 满意　　　C. 一般　　　D. 不满意　　　E. 非常不满意

② 网点便利性（　　　）

A. 非常满意　　　B. 满意　　　C. 一般　　　D. 不满意　　　E. 非常不满意

③ 网点分布全面性（　　　）

A. 非常满意　　　B. 满意　　　C. 一般　　　D. 不满意　　　E. 非常不满意

④ 提供价格、网点等资料的全面性（　　　）

A. 非常满意　　　B. 满意　　　C. 一般　　　D. 不满意　　　E. 非常不满意

⑤ 营业部服务态度（　　　）

A. 非常满意　　　B. 满意　　　C. 一般　　　D. 不满意　　　E. 非常不满意

⑥ 营业部干净整洁（　　　）

A. 非常满意　　　B. 满意　　　C. 一般　　　D. 不满意　　　E. 非常不满意

⑦ 人员稳定性（　　　）

A. 非常满意　　　B. 满意　　　C. 一般　　　D. 不满意　　　E. 非常不满意

⑧ 业务熟练程度（　　　）

A. 非常满意　　　B. 满意　　　C. 一般　　　D. 不满意　　　E. 非常不满意

⑨ 业务办理等待时间（　　　）

A. 非常满意　　　B. 满意　　　C. 一般　　　D. 不满意　　　E. 非常不满意

⑩ 主动介绍新线路、促销活动（　　　）

A. 非常满意　　　B. 满意　　　C. 一般　　　D. 不满意　　　E. 非常不满意

⑪ 回答您电话咨询（　　　）

    A. 非常满意　　B. 满意　　C. 一般　　D. 不满意　　E. 非常不满意

⑫ 主动帮忙搬货（　　）

    A. 非常满意　　B. 满意　　C. 一般　　D. 不满意　　E. 非常不满意

Q20. 您使用过德邦物流的上门接货服务吗？（　　）

    A. 使用过　　　B. 没使用过

Q21. 总体而言，您对德邦物流的上门接货服务的整体表现（　　）

    A. 非常满意　　B. 满意　　C. 一般　　D. 不满意　　E. 非常不满意

Q22. 具体而言，您会怎样评价德邦物流的上门接货服务在以下各方面的表现

① 接货准时性（　　）

    A. 非常满意　　B. 满意　　C. 一般　　D. 不满意　　E. 非常不满意

② 接货时间安排合理性（　　）

    A. 非常满意　　B. 满意　　C. 一般　　D. 不满意　　E. 非常不满意

③ 接货价格（　　）

    A. 非常满意　　B. 满意　　C. 一般　　D. 不满意　　E. 非常不满意

④ 接货员业务熟练程度（　　）

    A. 非常满意　　B. 满意　　C. 一般　　D. 不满意　　E. 非常不满意

⑤ 接货员服务态度（　　）

    A. 非常满意　　B. 满意　　C. 一般　　D. 不满意　　E. 非常不满意

⑥ 接货员主动沟通能力（　　）

    A. 非常满意　　B. 满意　　C. 一般　　D. 不满意　　E. 非常不满意

⑦ 接货员形象（　　）

    A. 非常满意　　B. 满意　　C. 一般　　D. 不满意　　E. 非常不满意

⑧ 异常情况通知（　　）

    A. 非常满意　　B. 满意　　C. 一般　　D. 不满意　　E. 非常不满意

Q23. 您使用过德邦物流的送货上门服务吗？（　　）

    A. 使用过　　　B. 没使用过

Q24. 总体而言，您对德邦物流送货上门服务的整体表现（　　）

    A. 非常满意　　B. 满意　　C. 一般　　D. 不满意　　E. 非常不满意

Q25. 具体而言，您会怎样评价德邦物流的送货上门服务在以下各方面的表现

① 准时性（　　）

    A. 非常满意　　B. 满意　　C. 一般　　D. 不满意　　E. 非常不满意

② 送货时间安排合理性（　　）

    A. 非常满意　　B. 满意　　C. 一般　　D. 不满意　　E. 非常不满意

③ 送货费（　　）

    A. 非常满意　　B. 满意　　C. 一般　　D. 不满意　　E. 非常不满意

④ 送货员形象（　　）

      A. 非常满意   B. 满意   C. 一般   D. 不满意   E. 非常不满意

⑤ 送货员服务态度（　　　）

      A. 非常满意   B. 满意   C. 一般   D. 不满意   E. 非常不满意

⑥ 送货员主动沟通能力（　　　）

      A. 非常满意   B. 满意   C. 一般   D. 不满意   E. 非常不满意

⑦ 异常情况通知（　　　）

      A. 非常满意   B. 满意   C. 一般   D. 不满意   E. 非常不满意

Q26. 您拨打过德邦物流的 400 客服电话吗？（　　　）

      A. 打过   B. 没打过

Q27. 总体而言，您对德邦物流 400 客服电话的整体表现（　　　）

      A. 非常满意   B. 满意   C. 一般   D. 不满意   E. 非常不满意

Q28. 具体而言，您对德邦物流 400 客服电话在以下各方面的表现

① 电话接通率（　　　）

      A. 非常满意   B. 满意   C. 一般   D. 不满意   E. 非常不满意

② 话务员态度（　　　）

      A. 非常满意   B. 满意   C. 一般   D. 不满意   E. 非常不满意

③ 话务员业务解决能力（　　　）

      A. 非常满意   B. 满意   C. 一般   D. 不满意   E. 非常不满意

④ 业务办理成功率（　　　）

      A. 非常满意   B. 满意   C. 一般   D. 不满意   E. 非常不满意

Q29. 您使用过德邦物流的代收货款服务吗？（　　　）

      A. 使用过   B. 没使用过

Q30. 总体而言，您对德邦物流的代收货款服务的整体表现（　　　）

      A. 非常满意   B. 满意   C. 一般   D. 不满意   E. 非常不满意

Q31. 具体而言，您对德邦物流的代收货款服务在以下各方面的表现

① 安全性（　　　）

      A. 非常满意   B. 满意   C. 一般   D. 不满意   E. 非常不满意

② 便利性（　　　）

      A. 非常满意   B. 满意   C. 一般   D. 不满意   E. 非常不满意

③ 返款速度（　　　）

      A. 非常满意   B. 满意   C. 一般   D. 不满意   E. 非常不满意

Q32. 您使用过德邦物流的网上营业厅吗？（　　　）

      A. 使用过   B. 没使用过

Q33. 总体而言，您对德邦物流网上营业厅的整体表现（　　　）

      A. 非常满意   B. 满意   C. 一般   D. 不满意   E. 非常不满意

Q34. 具体而言，您会怎样评价德邦物流网上营业厅在以下各方面的表现

① 网速（　　　）

    A. 非常满意　　　B. 满意　　　C. 一般　　　D. 不满意　　　E. 非常不满意

② 信息查询便利性（　　　）

    A. 非常满意　　　B. 满意　　　C. 一般　　　D. 不满意　　　E. 非常不满意

③ 信息准确性（　　　）

    A. 非常满意　　　B. 满意　　　C. 一般　　　D. 不满意　　　E. 非常不满意

④ 信息更新及时性（　　　）

    A. 非常满意　　　B. 满意　　　C. 一般　　　D. 不满意　　　E. 非常不满意

⑤ 网上下单便利性（　　　）

    A. 非常满意　　　B. 满意　　　C. 一般　　　D. 不满意　　　E. 非常不满意

Q35. 您的货物是否出现过理赔？（　　　）

    A. 出现过　　　B. 没出现过

Q36. 如出现过理赔现象，您的理赔金额为多少（元）？（　　　）

    A. 100　　　　　B. 101～1000　　　C. 1001～3000

    D. 3001～1 万　　E. 1 万～2 万　　　F. 2 万以上

Q37. 总体而言，您对德邦理赔服务的整体表现（　　　）

    A. 非常满意　　　B. 满意　　　C. 一般　　　D. 不满意　　　E. 非常不满意

Q38. 具体而言，您对德邦理赔服务在以下各方面的表现

① 理赔结果（　　　）

    A. 非常满意　　　B. 满意　　　C. 一般　　　D. 不满意　　　E. 非常不满意

② 理赔速度（　　　）

    A. 非常满意　　　B. 满意　　　C. 一般　　　D. 不满意　　　E. 非常不满意

③ 理赔态度（　　　）

    A. 非常满意　　　B. 满意　　　C. 一般　　　D. 不满意　　　E. 非常不满意

④ 解答理赔疑问能力（　　　）

    A. 非常满意　　　B. 满意　　　C. 一般　　　D. 不满意　　　E. 非常不满意

Q39. 您是否德邦的会员？（　　　）

    A. 是　　　　　B. 否

Q40. 总体而言，您对德邦物流的会员制的整体表现（　　　）

    A. 非常满意　　　B. 满意　　　C. 一般　　　D. 不满意　　　E. 非常不满意

Q41. 具体而言，您对德邦物流会员制在以下各方面的表现

① 积分信息查询方便（　　　）

    A. 非常满意　　　B. 满意　　　C. 一般　　　D. 不满意　　　E. 非常不满意

② 礼品兑换方便（　　　）

    A. 非常满意　　　B. 满意　　　C. 一般　　　D. 不满意　　　E. 非常不满意

③ 兑换礼品吸引力（　　）

    A. 非常满意   B. 满意   C. 一般   D. 不满意   E. 非常不满意

④ 礼品兑换所需时间（　　）

    A. 非常满意   B. 满意   C. 一般   D. 不满意   E. 非常不满意

⑤ 会员优惠政策（　　）

    A. 非常满意   B. 满意   C. 一般   D. 不满意   E. 非常不满意

Q42. 请表示您对以下每句话的同意程度

① 德邦物流是有实力的企业（　　）

    A. 非常同意   B. 同意   C. 一般   D. 不同意   E. 非常不同意

② 德邦物流的口碑很好（　　）

    A. 非常同意   B. 同意   C. 一般   D. 不同意   E. 非常不同意

③ 使用德邦物流，我很安心、放心（　　　）

    A. 非常同意   B. 同意   C. 一般   D. 不同意   E. 非常不同意

Q43. 请表示您对以下每句话的同意程度

① 下次选择物流公司时，会首选德邦物流（　　　）

    A. 非常同意   B. 同意   C. 一般   D. 不同意   E. 非常不同意

② 下次您有可能使用德邦物流（　　　）

    A. 非常同意   B. 同意   C. 一般   D. 不同意   E. 非常不同意

③ 您今后会更多地选择德邦物流的服务（　　　）

    A. 非常同意   B. 同意   C. 一般   D. 不同意   E. 非常不同意

④ 您会向别人推荐德邦物流（　　）

    A. 非常同意   B. 同意   C. 一般   D. 不同意   E. 非常不同意

Q44. 请按您认为的重要程度，从高到低对以下各项进行排序

（　　）代收货款   （　　）时效

（　　）理赔   （　　）价格

（　　）安全   （　　）网上营业厅

（　　）上门提货服务   （　　）营业部

（　　）400 客服电话接听情况   （　　）会员制

（　　）送货上门服务

Q45. 您平时合作的物流公司有哪些？（　　）（多选题）

    A. 顺丰速运   B. 天地华宇   C. 德邦物流

    D. 佳吉快运   E. 新邦物流   F. 中小专线

Q46. 请问您下季度在德邦的发货量会有什么变化？（　　　）

    A. 增加   B. 不变   C. 减少

小　结

物流客户满意度的评价使企业了解本企业乃至本行业的服务状况，了解竞争对手的情况，了解客户的需求，以便企业可以更好地改进产品和服务质量，提高经营绩效，不断巩固老客户，开拓新客户，培养客户的忠诚度。

练习题

一、名词解释

客户满意　　客户满意度　　理想产品　　实际产品　　协调办公法　　专家共评法

二、填空

1. 客户满意就是客户接受产品或服务时感受到_____的状态。
2. 从横向层面上，客户满意包括_____、_____、_____、_____和_____。
3. 从纵向层面上，客户满意包括_____、_____和_____。
4. 客户满意度是测量_____的量化指标，"满意"是客户通过对一种产品或服务的可感知效果或结果与其期望值相比较后所形成的一种_____的感觉心理状态。
5. 物流客户满意度的影响因素很多，总的来说，主要包括_____、_____、_____、_____、_____、_____和_____。
6. 物流客户满意度评价原则有_____、_____、_____和_____。

三、问答

1. 简述客户满意的内涵。
2. 简述客户满意度的内涵。
3. 物流客户满意度评价的程序和方法有哪些？

四、课堂实训

目的：明确作为物流企业员工，应该如何满足客户的需要和提高客户满意度。
任务：用小组讨论法讨论有关客户满意度的案例。

五、课外实践

目的：树立以客户满意为己任的思想，培养良好的客户服务态度，掌握提高客户满意度的技巧。
任务：参观物流企业，收集物流客户服务人员在工作中遇到的客户满意和不满意的事件。

六、综合模拟仿真实践

以小组为单位讨论，设计出客户满意度调查问卷，并进行调研，撰写实践报告。

1．实训目标

灵活运用所学书本知识，解决日常生活工作中所存在的问题，锻炼学生的动脑分析能力、动手操作能力，培养团队合作精神，体现职业教育特征。

2．实训内容

1）根据所学知识，设计客户满意度调查问卷，并比较哪组设计的问卷更受被调查者的欢迎，更具有可操作性和实用性。

2）实地调查访问和咨询，撰写调研报告。

3．岗位角色

将全班学生分组，每组3人左右。

4．模拟步骤

1）各小组讨论。

2）各小组设计出客户满意度调查问卷。

3）各小组出外调研，撰写调研报告。

4）教师进行评价并和学生共同为各小组打分。

5．注意事项

1）学生分组时要合理搭配。

2）小组成员要相互配合，充分发挥团队精神。

3）学生必须遵守纪律，听从指挥，讲文明，懂礼貌，表现出良好的综合素质。

6．作业展示及点评

填写考核评分表，如表6-1所示。

表6-1　考核评分表

考评人		被考评人	
考评地点		考核时间	
考评内容	校内（校外）实践		
考评标准	具体内容	分值/分	实际得分
	讨论情况	20	
	问卷设计情况	30	
	任务完成情况	30	
	调研报告完成情况	20	
	合计	100	

注：考评满分为100分，60~74分为及格，75~84分为良好，85分及以上为优秀。

拓展阅读：提高服务水平才是
长久维持客户关系的关键

单元 7 物流客户投诉处理

● **知识目标**

1. 掌握物流客户投诉的定义。
2. 正确认识客户投诉。
3. 掌握物流客户投诉基本原因。
4. 掌握物流客户投诉处理原则、程序、方法和技巧。

● **能力目标**

能够正确处理客户投诉，为企业留住客户。

● **情感目标**

树立正确的服务理念，培养真诚对待投诉客户的良好服务情感。

导入案例

TNT 全球速递公司重视投诉

　　TNT 全球速递公司把处理投诉作为一项任务，它拥有一个全球范围的报告系统，无一例外地显示出所有的失败细节，并且每周深入跟踪并分析原因，帮助发现在包裹传送系统中关键性的不满意问题。TNT 公司接受了美国技术调研机构（TARP）的调查研究结果，证明如果 TNT 公司收到一份投诉，那么可能存在 27 份没有表达的抱怨。TNT 公司中国香港地区总裁阿德里安·霍尔（Adrian Hall）采取全面评价所有失败的态度，不光只看收到的抱怨："要从沉默的 27 人中争取更多顾客。"各经理人将公司找出的总体缺失，转为适合各部改进的个别资料，进而定义出员工应采取何种明确行动以求改进。

　　TNT 公司是如何获得这一点的呢？公司成立了一个强有力的员工小组，他们竭尽全力使顾客满意。他们这样做是为了把顾客放在首位，向公司每一位员工强调要反映顾客投诉的问题；而且授予员工处理投诉的权力并要求他们每周对投诉的数量进行追踪，但不以降低投诉数量为目标。

　　霍尔曾经询问一个雇员他的工作是什么，员工回答道："运货小弟"。这名员工53 岁，他认为把自己看作小弟更能发现顾客的需求。因此，霍尔将"运货小弟"变为"质量服务代表"。霍尔为这些新产生的服务代表设立目标，并为这项工作建立数量和质量方面的绩效考核系统，每年霍尔都会考核他们是否符合资格。

　　通过关注投诉数据，公司客户服务的水平显著提高，准时递送率提高到 96%，跨城快递准确率达到 97%，邮件丢失率下降了 78%，延误期下降了 86%；另外，旷工率也有了明显下降，大多数的质量服务代表开始为他们的表现和服务感到自豪，同时也降低了员工的流动率。总之，现在 TNT 公司在整个中国香港的成千上万个邮件运输的准时率平均达到 96.4%。更值得一提的是，在实施计划后，TNT 公司的税前利润，在两年间高出了 81 个百分点。

　　TNT 公司充分证明了听取顾客投诉可以建立良好的市场连锁反应。

（资料来源：珍妮尔·巴洛，克洛斯·穆勒，2007. 抱怨是金：将顾客的投诉看作珍贵的礼物[M]. 北京：北京师范大学出版社.）

案例解析 TNT 公司成立了一个强有力的员工小组，他们竭尽全力使顾客满意。TNT公司用实践证明了听取顾客投诉可以建立良好的市场连锁反应。

案例思考 1）案例中 TNT 公司为什么要向公司每一位员工强调要反映顾客投诉的问题？

2）案例中提到了客户投诉，你知道什么是客户投诉吗？

7.1 客户投诉

7.1.1 客户投诉的含义

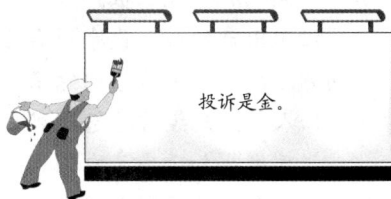

投诉是金。

1. 客户投诉的定义

客户投诉是指客户在使用产品或接受服务过程中，通过各种途径对产品或服务明确表示不满，要求企业解决和答复的行为。

由于物流企业是一个特殊行业，这种行业的特殊性，决定了物流企业日常业务操作中发生客户投诉是不可避免的，所以对物流企业投诉的研究是非常有必要的。物流企业投诉管理的目的和宗旨在于减少客户的投诉，把因客户投诉而造成的损失减少到最低，最终使客户对投诉的处理感到满意，使企业信誉得到恢复和提高，因此要正确看待和有效处理客户的投诉。

2. 客户投诉的好处

一提到客户投诉有些物流企业就害怕、排斥，担心处理不好会影响到企业声誉，殊不知客户投诉是企业的一个至宝，是客户送给企业的礼物，是企业创新的源泉，客户投诉可以给企业带来很多好处。

1）客户投诉可以突显出物流企业在管理、服务上的缺点，可以帮助物流企业管理者发现物流服务与管理中存在的问题与不足。

2）有利于物流企业改善服务质量，提高管理水平。

3）为物流企业提供了一个改善与客户关系的机会，可以将不满意客户变成满意客户，提高客户满意度。

经典案例

1997 年 10 月，张瑞敏到四川出差。有客户跟他抱怨说，海尔的洗衣机不好，下水管经常堵，于是，海尔人组织一个专家小组到该区域深入了解，努力寻求产品潜在的质量问题及对策。经考察了解到，这个问题不是洗衣机本身质量问题，而是因为该地区人使用不当造成的，他们不仅用洗衣机洗衣服，而且还用洗衣机洗满带沙泥的地瓜！由于大量沙泥沉积，造成洗衣机内部堵塞乃至损坏。得到这一消息，海尔内部有两种意见：其一，洗衣机质量没问题，只是消费者使用不当，没必要改进，只需注重宣传指导和维修就行了。洗衣机，顾名思义是用来洗衣服的嘛，怎么可以用来洗地瓜？其二，消费者有这种需求，这是一个新的商机，我们应该努力去满足，应该在设计、技术上创新，最大限度满足顾客的需要。海尔人经过深思熟虑，义无反顾地选择后者，组织力量攻关，不久便生产出了也可以洗地瓜的洗衣机，取名为"大地瓜"洗衣机。首次生产了1万台投放农村市场，立刻被一抢而空。

海尔出产的第一代冰箱名为"琴岛·利渤海尔"，上市后不断接到客户反映有质量问题。维修人员检查的结果是，绝大部分都是客户不会用，并非质量有问题，许多维修人员为此经常抱怨"客户笨"。

张瑞敏得知后，亲自带领大家进行调查，终于发现问题出在说明书上。电冰箱的生产技术是从德国引进的，随机销售的产品使用说明书也是直接翻译德国的。因为德国人基本不存在不会使用冰箱的问题，所以，说明书编写非常简单，除了简单的图示外几乎没有文字说明。而中国的客户大部分都是第一次使用冰箱，从说明书上根本看不懂应该如何使用。是抱怨客户素质差，还是基于客户的情况重新设计说明书？张瑞敏发动技术人员、销售人员、售后服务人员进行深入讨论，大家对"客户永远是对的"有了更深的理解，于是，他们选择了后者。挑选最优秀的技术人员，在最短的时间内，编写出初中文化程度就能看懂的产品说明书，投放市场后，客户投诉现象很快减少了。

（资料来源：https://wenku.baidu.com/view/40d7ca243169a4517723a39d.html.）

案例解析　海尔正是通过客户的投诉发现自己的问题在哪里，从客户的投诉中了解客户的真正需求和工作上的不足，改善了和客户的关系，并从客户投诉中吸取教训，将客户的投诉变成了企业创新的源泉，使企业产品得到更好的改进，并将投诉客户变成了满意客户。

如果一个企业从来没被投诉过，那并不是一件好事。因为你无法了解客户离开的原因，不知道企业究竟什么地方做得不好，所以一个企业应该感激投诉的客户，这样才能发现自己的问题在哪里，从而使自己的产品和服务得到改进和提高。

3. 有效处理客户投诉对企业发展的意义

有效处理客户投诉对企业发展的意义主要有以下三点。
1）挽回客户对企业的信任。
2）有效地维护企业自身的形象。
3）及时发现问题并留住客户。

客户投诉是联系客户和企业的一条纽带，是一条很重要的信息通道，有效处理客户投诉是企业良好口碑的有力来源。如果一家企业能有效地处理客户投诉，会提高客户的满意度，把客户投诉给企业带来的不良影响降到最低，挽回客户对企业的信任，有效地维护企业自身的形象，及时发现问题并留住客户，最终促成客户对企业的长期忠诚。

经典案例

前些年，海尔集团推出一款"小小神童"洗衣机，推出时，它的设计存在着一些问题，当时这款洗衣机的返修率是相当高的。海尔调集了大量的员工，承诺客户"接到投诉电话以后，24 小时之内上门维修"，很多客户的洗衣机都是经过海尔连续三四次甚至五次的上门维修才解决问题的，如此高的返修率，客户是否会非常不满呢？很多客户反映说："任何新的产品都会存在这样或那样的问题，但对海尔的服务，我们是满意的。"因为他们看到了一家企业对客户的尊重和重视。

海尔正是因为重视客户的投诉，才使得消费者继续保持了对海尔品牌的信任，这也是海尔在今天能成为一家国际性大企业的重要原因。

相反，客户投诉处理不好，会影响客户与企业的关系，有些投诉甚至会损坏企业形象，给企业造成恶劣的影响。

资料显示，三鹿集团早在 2008 年 3 月就接到消费者反映，但直到 2008 年 8 月三鹿已经秘密召回部分问题奶粉之时，却仍然没有将事件真相及可能产生的后果公之于众，有媒体称这种做法直接导致此后的一个多月里又有一批婴儿食用了三鹿问题奶粉，三鹿集团对顾客投诉采取消极态度，最终事态发展到难以收拾的境地，三鹿集团破产了。

可见，企业如果不能正确处理客户的投诉，给企业带来的损失是难以估量的。

4. 研究并把握物流投诉客户的需求心理

客服人员不仅要做到有效处理客户投诉，还应该做到了解客户投诉时的心理需求。

1）希望能得到客服人员的关心。客户投诉时需要投诉解决者能表现出关心与理解，而不是感觉不理不睬或应付。客户希望能受到重视和善待，希望投诉解决者是设身处地关心他们的要求或能替他们解决问题的人。

2）希望客服人员能耐心倾听。客户投诉时需要投诉解决者耐心倾听并针对问题找出解决办法，而不是埋怨、否认或找借口应付。

3）希望客服人员有较高的专业水平。客户投诉时需要客服人员能明白事件发生过程，有认真负责的态度，能尽心解决问题并且有处理问题的专业知识。

4）希望客服人员能迅速处理解决。客户投诉时需要客服人员能迅速提出解决方案，随时向客户汇报进展情况，而不是拖延或沉默。客户希望听到"我会尽快处理你的问题"或"如果我无法立刻解决你的问题，我会告诉你我处理的步骤和时间"。

5. 物流客户投诉处理的误区

物流客户投诉处理过程中，客服人员应避免进入以下误区。

1）强词夺理，矢口否认客观事实，摆出一副以强凌弱的姿态。这样做可能也会暂时赢得眼前的利益，但绝对赢得不了客户的心，这就意味着你将失去未来更大的利益。

2）将缺陷或问题推脱为客观原因造成的，例如天气、交通等客观理由。

3）把责任推给别人，"你反映的情况我们都很重视，但是我们经理不在，我做不了主。""你投诉的情况不归我们部门管，你去找我们老板吧！"或者是"我们已经将你的投诉反映给生产企业了，但生产企业一直没给回答，我们也没办法。"

4）故意拖延，明明知道客户已经大光其火才来投诉，就是不着急处理，"泰然处之"仿佛自己是个局外人，最终把事端扩大。

6. 处理投诉过程中客服人员应有的态度

1）对来投诉的客户要有一种感谢的心理。因为如果客户对物流企业不抱有希望的话，就不会来投诉。所以当他指出了企业存在的问题时，应视作是让企业再一次表现的机会，便于企业改正缺点，弥补前面的不足，绝不能一上来就将投诉的客户看作"刁民"。

2）要自我克制，客服人员要控制自身情绪，保持冷静、平和的心态，不让客户的情绪干扰正常的工作态度，对客户的情绪化发泄，要控制自己的情绪表达，绝不在客户叙述过程中打断客户，或因客户的一些不文明言行与之纠缠不清。

3）要善意地理解客户心理，站在客户立场上去看问题，进行实事求是地判断，不应加个人情绪和喜好。如果我们设身处地地想一想，自己遇到这种事情会怎么想，那么你就会去理解对方，同情对方，于是你会真心诚意地向对方表示道歉，表示同情理解并安慰客户；也会使对方心情平静下来，同时换取客户的理解和信任。

4）给予客户足够的重视和关注，要照顾好客户的面子，绝不有意无意地批评客户。

5）保持适时微笑，并配合客户情绪变化予以配合。微笑是人类最动人的表情，要让投诉的客户变成你的满意忠诚的客户。

7.1.2 物流客户投诉的原因

物流企业在为客户服务的过程中，造成客户投诉的原因是多方面的，基本原因概括起来大体可以分为以下几个方面。

1. 服务态度

客户服务人员不负责任的答复行为，如冰冷的服务态度，爱理不理的接待方式等。

2. 服务质量

1）送货送错或送迟，运输途中车辆发生故障。

2）服务水平达不到收货方的要求，与承诺的服务标准不符。

3）对货物运输过程监控不利，运输过程中货物丢失、货物包装破损、货品发生破损、货差或变质及地址弄错等现象。

4）舱位无法保障。

5）送（提）货时不能按客户要求操作。

6）结算方式与合同不符。

7）收费重量确认有误。

8）计算价格与所报价格有差别。

9）结关单据未及时返回，单据开错等。

10）客户服务人员对物流业务的知识和技术不够了解。

11）客户服务人员相关常识及对客户的解释不清。

12）对客户的初次不满处理不当，造成二次投诉。

3. 客户自身的原因

1）客户对企业经营方式及策略不认同。

2）客户对企业的要求超出企业对自身的要求。

3）客户对企业服务的衡量尺度与企业自身的衡量尺度不同。

4）客户由于自身素质、修养或个性等原因，对企业提出过高要求而无法得到满足。

4. 不可抗力因素

由于不可抗力因素，如天气、战争、罢工、事故等所造成的延误、损失。

> **练一练：**阅读下列案例，分别说出例 7-1 和例 7-2 中造成客户投诉的原因是什么。

【例 7-1】于小姐于 2019 年 3 月 17 日委托某快递公司发送一份快件到成都转拉萨。于小姐通过该公司网站查询到此快件在 3 月 20 日已发送至成都，但之后一直未发送到目的地拉萨。于小姐多次电话催促该公司，对方未做出答复。因此投诉要求该公司马上将其快件送达目的地，并对延误时间做适当补偿。

【例 7-2】李先生称 1 月 8 日通过某快递公司快递 3 瓶干红葡萄酒给家人，当时该公司承诺当天可以送货上门。1 月 9 日，李先生咨询该快递公司时被告知其中有瓶红酒已被打碎，但只负责赔偿 20 元，李先生觉得不合理，投诉要求赔偿打碎的红酒和延误送达费用共 200 元。

7.2 物流客户投诉处理的具体内容

> 不要过度承诺，但要超值交付。
>
> ——戴尔

7.2.1 物流客户投诉处理的原则

客户投诉处理是我们预防和减少客户投诉的内容之一。有效处理客户投诉，预防和减少客户投诉，应把握以下几项原则。

1）有章可循。要有专门的制度和人员来管理客户投诉问题。另外要做好各种预防工作，使客户投诉防患于未然。为此需要经常不断地提高全体员工的素质和业务能力，树立全心全意为客户服务的思想，加强企业内外部的信息交流。

2）倾听原则。耐心倾听客户的陈述，不得随意打断或表示不满。只有认真听取客户抱怨，才能发现其实质原因。一般的投诉客户多数是发泄性的，情绪都不稳定，一旦发生争论，只会火上浇油，适得其反。真正处理客户投诉的原则是，开始时必须耐心倾听客户的抱怨，避免与其发生争辩，先听客户讲，然后对客户表示歉意。

3）及时原则。客户投诉出现后，企业必须采取行动，因为作为投诉客户来说，每一个投诉者都希望他们的投诉举报信息发出之后，能得到及时快速的处理。为此，在接到客户投诉以后，我们一定要即时即办，对能当时解决的就当时解决。不能当时解决的，也要在弄清原因后，给出客户投诉处理的时间承诺，承诺之后，要尽快组织人员进行现场了解问题、收集信息、分析问题、解决问题，做到能快则快，切不可在接到客户投诉后以各种理由拖延处理时间或推卸责任，如果这样，会进一步激怒投诉客户，使事情进一步复杂化。

4）分清责任。不仅需要分清投诉的责任部门和责任人，而且需要明确处理客户投诉的各部门、各类人员的具体责任与权限以及顾客投诉得不到及时圆满解决的责任。

5）留档分析。对每一起客户投诉及其处理要做出详细的记录，包括客户投诉内容、处理过程、处理结果、客户满意程度等。通过记录，吸取教训，总结经验，为以后更好地处理顾客投诉提供参考。

总之，客户投诉处理水平的好坏，事关客户对我们的依存度、信任度、合作度，我们只有把握好客户投诉处理的基本原则，建立健全客户投诉处理工作机制，才能有效提高客户投诉处理的质量与水平，才能不断提高客户的满意度，促进物流企业平稳健康发展。

小故事

有一次，美国著名主持人林克莱特访问一名小男孩，问他说："你长大后想要当什么呀？"小男孩天真地回答："嗯，我要当飞机驾驶员！"林克莱特接着问："如果有一天，你的飞机飞到太平洋上空，所有引擎都熄火了，你会怎么办？"小男孩想了想："我会先告诉坐在飞机上的人绑好安全带，然后我穿上我的降落伞先跳出去。"当现场的观众笑得东倒西歪时，林克莱特继续注视着这孩子，想看他是不是自作聪明的家伙。没想到，接着小男孩的两行热泪夺眶而出，这才使得林克莱特发觉这孩子的悲悯之情远非笔墨所能形容。于是林克莱特问他："为什么要这么做？"小男孩的回答透露出一个孩子真挚的想法："我要去拿燃料，我还要回来！我还要回来！"

这个故事让我们明白倾听的重要性。我们不能打断别人的讲话，需要用倾听去了解别人的真实想法，只有倾听才能让人际沟通达到良好的效果。

小故事

曾经有个小国去给大国进贡，贡品是三个一模一样的金人，金光闪闪，把皇帝高兴坏了。可是这小国同时出了一道题目：这三个金人哪个最有价值？

皇帝想了许多的办法，请来珠宝匠检查，称重量，看做工，都是一模一样的。怎么办？使者还等着回去汇报呢。泱泱大国，不会连这个小事都不懂吧？最后，有一位老臣说他有办法。皇帝将使者请到大殿，老臣胸有成竹地拿着三根稻草，插入第一个金人的耳朵里的稻草从另一边的耳朵出来了，插入第二个金人的稻草从嘴巴里直接掉了出来，而第三个金人，稻草进去后掉进了肚子，什么响动也没有。老臣说：第三个金人最有价值！使者默默无语，答案正确。

故事虽小但告诉我们一个哲理，最有价值的人，不一定是最能说的人。老天给我们两只耳朵一个嘴巴，本来就是让我们多听少说的。善于倾听，才是成熟的人最基本的素质。

7.2.2　物流客户投诉处理的程序

想一想：读了这两则小故事，你从中得到了什么启发？小故事中体现了处理物流客户投诉的什么原则？如果你是一位物流客服人员，在处理物流客户投诉时你应该怎样去做？

物流客户投诉处理的程序一般包括以下几个方面。

1）接待投诉客户，记录投诉内容。客户服务人员接到客户投诉时，应耐心聆听客户的陈述，了解事件的真实情况，并利用客户投诉记录表详细记录客户投诉的全部内容，如投诉人、投诉时间、投诉对象、投诉要求等。

2）判定投诉是否成立。客户投诉的性质分为有效投诉和无效投诉。客户服务部门人员接到投诉后要正确加以区分，要依据客户投诉的内容判断客户投诉是有效投诉还是无效投诉。如果是由于客户本身疏忽、误解引起的就属于无效投诉，这种情况客服人员要重点进行沟通解释工作，取得客户的谅解，消除误会。对于一些本来不应该投诉的客户要详细解释，晓之以理，动之以情，使其口服心服，同时展示企业的良好形象。如果是有效投诉，重点应放在解决实际问题上，对每个投诉事件要认真分析，然后抓住主要问题进行解决。

3）确定物流客户投诉处理责任。如果物流客户投诉是有效投诉，物流客服人员必须迅速决定由谁来解决此问题，如果在自己的职责内，要立即处理，不要试图把责任推给别人，如果不在自己的职权范围内，要向上一级反映，确定客户投诉处理责任部门；如果是运输问题，交储运部处理；如果是质量问题，则交质量管理部处理。

4）调查原因，提出解决方案。依据实际情况，参照客户提出的投诉要求、投诉要点，分析原因，提出解决投诉的具体方案，尽量在自己的职权范围内，第一时间为客户提供几个可供选择的解决方案，并提交主管领导批示。

5）实施解决方案，并进行责任处罚。实施解决方案，并向客户通报公司的处理方案，征得客户的同意，然后对直接责任者和部门主管根据有关规定做出处罚，依照投诉所造成的损失大小，扣罚责任人一定比例的绩效工资或奖金。对不及时处理问题而造成延误的责任人也要追究相关责任。

6）提出改善对策并整理归类存档。对投诉处理过程进行总结与综合评价，吸取经验教训，并提出改善对策，使相关部门在以后的工作中采取一定的预防措施，提高客户服务质量和服务水平，防止类似投诉的再次出现。

7）跟踪回访阶段。根据处理时限的要求，注意跟进投诉处理的进程，及时将处理结果向投诉的客户通告并关心询问客户对处理结果的满意程度，而且客户投诉管理部门要定期回访该客户，收集客户的反馈信息，赢得客户的信任。

物流客户投诉处理的程序如下：

客户投诉→记录投诉内容→判断投诉是否成立→确定投诉处理责任→调查投诉原因→提出处理方案→提交主管领导批示→实施处理方案→提出改善对策→跟踪处理结果。

议一议： 阅读下面的案例思考问题。如果你是一名物流企业的客户服务人员，接到客户投诉后你将如何处理？客户投诉处理的程序有哪些？

【例7-3】2019 年 7 月 10 日某出口商与山东某公司签订合同购买一批日用瓷具且与山东某物流公司签订了运输合同，7 月 11 日出口商将货物装上物流公司派来的货车，途中由于驾驶员的过失发生了车祸，导致部分货物受损。

7 月 14 日物流客户投诉管理部门接到出口商打来的投诉电话，称：物流公司负责运送的日用瓷具存在着货物毁损问题，货品损失价值约 15 万元，客户要求公司赔偿损失，并希望该公司能够迅速处理这件事情。客服人员接到投诉电话后，仔细耐心聆听客户的陈述，对客户表示了歉意并立即填写客户投诉记录表，记录投诉人、投诉时间、投诉的产品、投诉的问题及投诉客户的要求。客户服务部人员经分析确定责任属于运输问题，所以将投诉记录交货运部；货运部收到投诉记录后，马上开展调查分析，积极寻找货物毁损原因：查明了货物毁损原因是因为货运部门对货物的包装强度过低，导致货物在运输途中出现事故而造成损失。经查实，受损货物中有两箱受轻微震荡，但不影响使用和销售，可以降价 1% 销售，损失金额为 1 万元；其余部分毁损严重，无法恢复这部分货物的使用价值，货物价值总额为 8 万元。

原因查明后，货运部提出解决问题的方案：支付商品的降价销售费用 1 万元，赔偿被毁货物经济损失 8 万元，两项共计 9 万元。将提出的解决问题的方案交主管领导过目，主管领导及时做出批示：实施解决方案，并向客户通报公司的处理方案，征得客户的同意。

7.2.3 物流客户投诉处理的方法

有耐心的人，能得到他所期望的。
——富兰克林

1. 处理物流客户投诉的基本方法

1）耐心倾听。耐心倾听是解决问题的前提，要成功处理客户投诉要先处理客户的情绪，改变客户心态。一个情绪激动的投诉者无法进入"解决问题"的状态，因此，客服人员要逐渐使对方的情绪稳定下来，才能很

好地处理投诉问题。

2）表示道歉。听完客户的倾诉，消除客户怨气后，客服人员要真诚地向客户道歉。如："对不起，发生这样的事，我真的很抱歉。""很抱歉我们让你感到失望了。""抱歉给您带来了不便。""李小姐，对不起，让您感到不愉快了，我非常理解您此时的感受。"很多客服人员在没有给客户机会解释细节之前，还没有弄清事情真相，没有消除客户怨气，不知道为什么道歉的情况下，就开始道歉，这对客户来说是无效的。

正确的方法应该是在消除客户怨气后再向客户道歉。在道歉时有些人有时候会感到不舒服，因为这似乎是在承认自己有错，会令自己承担责任，事实上，这种想法是不合逻辑的，其实，"对不起"或"很抱歉"并不一定表明你或公司犯了错，这主要表明你对客户不愉快经历的遗憾与同情，表明了公司对客户的诚意，让客户知道企业对他的遭遇表示遗憾，企业很在意他的烦恼，使对方感到自己反映的问题受到重视，人格受到尊重，这只会让客户更加认同该企业。

另外，道歉要恰当，不是无原则地道歉，要在保持企业尊严的基础上道歉。道歉的目的一是为了承担责任，二是为了稳定客户的情绪，换取客户的理解和信任，最终使投诉的客户成为满意的客户，进而留住客户。

3）仔细询问，了解问题所在。听过了客户的抱怨，表示了歉意，只是解决了客户的情绪问题，而真正的问题还没有得到解决。这时，客服人员要对事件全过程进行仔细询问，语速不宜过快，应全面、客观分析客户反映的情况，抓住客户投诉的原因与核心的要点问题，根据顾客的口述分析客户投诉属于哪一方面问题，如质量问题、服务问题、价格问题等，更要从客户口述中分析顾客投诉的要求，了解客户真实的需要。同时分析客户的要求是否合理，因为部分客户所要求的解决结果往往会根据自己的意愿而"狮子开口"或隐含一些威慑的语言，如果不通过仔细询问收集足够的信息，最终给出的解决办法很可能是错误的，如果那样，后果会更严重。

要准确地了解客户所反映的问题，解释澄清所出现的问题，明确对方的谈话内容，将你所理解的问题重复一遍给对方听，如："您是不是说⋯⋯"，对于投诉的内容觉得不是很清楚的地方，要请对方进一步说明，但措辞要委婉，并要做详细的投诉记录，并翔实填写"客户投诉登记表"，便于参考解决问题方案的提出。

4）提出解决问题的方案。客服人员在通过倾听，并仔细询问将问题确认之后，要判断问题的严重程度以及客户有何期望，找出合理的解决方法，不要轻易许诺，尤其是超出自己责权范围的承诺。

投诉双方都希望能够通过沟通找到相互满意的解决办法，一个成熟的物流企业在处理投诉的问题上都是有章可循的，要依据本企业相关制度，根据实际问题，提出一个切实可行的解决方案。例如，客户对于配送时间延迟十分不满，进行投诉。要根据投诉类别和情况，根据公司的处理章程规定，提出相应的解决问题的具体措施，探询客户希望解决的办法，若是需要赔偿，其方式是什么，赔偿的金额为多少，一旦你找出方法，把解决方案告知客户，征求客户的同意。如果客户同意，则把处理意见登记在"客户投诉登记表"上并让客户签名确认。如果客户不接受你的办法，请问他有什么提议或希望解决的方法，存在的争议在哪里，然后进一步协商解决，尽量满足客户要求；如果客服人员确实无法解决客户投诉，则立即引荐给上层领导解决，以期圆满解决客户投诉；如果客户要求确实过分且经过努力无法满足其要求的话，则需要通过法律的途径来解决客户投诉。

5）执行解决方案。当双方都同意上述解决方案之后，就必须立即执行。如果是客服人员权限内可处理的，就迅速利落、圆满解决。若是不能当场解决或是权限之外的问题，必须明确告诉对方不能立即解决的原因，处理的过程与手续，通知对方所需时间及经办人员的姓名，并且请对方留下联络方式，以便事后追踪处理。客户等候期间，处理人员应随时了解投诉处理的过程，有变动必须立即通知对方，直到事情全部处理结束为止。

6）跟踪服务。解决方案执行后，客户投诉解决者要通过追踪服务，向客户了解解决方案是否得到执行，是否有用，是否还有其他问题，以避免客户产生更大的不满或二次投诉。追踪服务可以强调公司对客户的诚意、打动客户和给客户留下深刻印象，进而留住公司的客户。

7）分析总结。在客户投诉处理结束以后，企业还需要全面加强对这起客户投诉事件的分析，尤其是对有效投诉的分析。如果是因为制度的缺漏，就要对制度进行完善与修改；如果是员工思想和业务素质不到位，就要加强对员工的教育与培训；如果是服务水平不到位，就必须适应客户的要求，提高服务水平；如果是因为机械故障或者技术不精，就必须不断改进技术装备，提高技术水平。总之，企业要正确地分析客户投诉，并以此来改进工作方式，提高工作水平，加快企业发展。

2. 特殊客户投诉的处理方法

1）易怒的客户：脾气比较暴躁。处理方法：针对这样的顾客，要"以柔克刚"，要多沟通，让客户知道自己的错，或是我们因什么原因造成的问题等，妥善地解决。这类客户最容易成为忠实的口碑传播者，所以，我们不要吝啬自己温暖的语言和道歉。

2）古怪的客户：性情难以捉摸。处理方法：由着他的性子来。越是来投诉的客户，越方便我们的客服与客户进行"感情"交流，恰当的"感情"交流有可能会让客户被品牌客服行为所"折服"。

3）霸道的客户：强词夺理。处理方法：因为霸道，所以刻意表现自己"上帝"的地位，来"拿"认为是该拿的。应对此类的客户，道理讲不通，可以通过侧面来证实自己的实力和不卑不亢的职业精神。

4）文化素质高的客户：不温不火，头头是道。处理方法：这样的客户本身具有一定的知识，这就要求娴熟的店员从知识方面入手，然后妥善处理，若处理好，或许这样的客户还会带来一些意想不到的收获。

5）文化素质差的客户：不懂得欣赏。处理方法：这样的客户不懂得欣赏或使用产品，客服接触这样的客户一般都不是很顺利，遇到此类客户投诉，甚至还被骂得似乎一文不值，但不要急，他们缺少的只是对产品或服务的认识和认可，可以根据其需要着重对其服务。

6）喋喋不休的客户：总是说个没完。处理方法：针对这样的客户投诉，我们要听他的唠叨，要让他感觉到，只要听到他的唠叨我们就能去完美地解决事情。首先让这类客户在精神上得到满足，我们再按照公司的售后服务制度去做事情，如果处理好，他就会给公司免费做广告的。

3. 处理客户投诉的技巧

在处理物流客户投诉过程中，应注意掌握一些要点与技巧。

1）无论在何种场合，都不要匆忙做出许诺。

2）在与客户交谈过程中，注意不要用姓名称呼客户。

3）可以把客户投诉的要点记录下来，这样不但可以使讲话速度放慢，缓和客户情绪，还可以让客户确信企业对他反映的问题是重视的。

4）要充分估计解决问题所需要的时间，最好能告诉客户具体时间，不能含糊其词。

5）用"这件事发生在您身上我感到十分抱歉"之类的话来表示对投诉客户的关心。客户投诉多种多样，如果能掌握技巧，善于应变，对圆满解决问题是十分重要的。

4. 避免和减少投诉的方法

1）诚心为客户服务。物流企业的管理人员及一线服务人员的一言一行直接影响到服务质量和企业的声誉，这就要求物流管理人员和一线服务人员规范物流企业自身的经营行为，严格执行国家及行业政策和规定，在物流服务过程中，按规定收取费用，打造品牌服务，提高诚信服务，让"诚信"服务深入客户心中。

2）关心客户，帮助客户解决困难。让客户的一些意见和建议解决在最基层，遇到重大问题要及时向上级部门汇报，以便取得主管部门的重视和支持。让客户感觉到企业的诚意，来提高客户的忠诚度和满意度。

3）调查研究客户需求心理，来满足不同类型客户的不同需求。科学制定客户的分类标准，来满足不同类型客户的不同需要。只有不断满足客户最基本的需求，才能抓住客户的心，提高客户的满意度，减少投诉。

4）加强服务沟通，接受社会监督。向社会公开服务承诺，规范企业员工的服务行为，注意沟通方式，注意语言态度，定期听取客户意见，接受社会监督。

5）防患于未然。对于不同类别的客户投诉，在企业内部要通报，要防止同类问题的重复出现，做好必要的市场调查和信息收集，将可能存在的同类隐患及早发现、及早处理，减少损失，减少投诉事件的发生。

要减少和降低客户投诉，不只是客户服务部门的事，而广泛存在于与客户有关的各个层面中。这就要求物流企业的各个部门不断地努力提高服务水平与能力，尽可能地采取多种有效措施，补救或挽回给客户带来的损失，从而达到维护企业声誉，提高企业服务形象的目的，提高客户的满意度，切实维护消费者的利益。

知识链接

物流运输企业中的客户投诉处理

一、日常业务中可能产生的操作失误

1）业务人员操作失误，如计费重量确认有误；货物包装破损；单据制作不合格；报关/报验出现失误；运输时间延误；结关单据未及时返回；舱位无法保障；运输过程中货物丢失或损坏等情况。

2）销售人员操作失误，如结算价格与所报价格有差别；与承诺的服务不符；对货物运输过程监控不力；与客户沟通不够，有意欺骗客户等。

3）供方操作失误，如运输过程中货物丢失或损坏；送（提）货时不能按客户要求操作；承运工具未按预定时间起飞（航）等。

4）代理操作失误，如对收货方的服务达不到对方要求，使收货方向发货方投诉而影响公司与发货方的合作关系等。

5）客户自身失误，如客户方的业务员自身操作失误，但为免于处罚而转嫁给货代公司；客户方的业务员有自己的物流渠道，由于上司的压力或指定货运而被迫合作，但在合作中有意刁难等。

6）不可抗力因素，如天气、战争、罢工、事故等所造成的延误、损失等。

以上情况都会导致客户对公司的投诉，公司对客户投诉处理的不同结果，会使公司与客户的业务关系发生变化。

二、对不同的失误，客户有不同的反应

1）偶然并较小的失误，客户会抱怨。失误给客户造成的损失较小，但公司处理妥当，使多年的客户关系得以稳定。

2）连续的或较大的失误会遭到客户投诉。客户抱怨客服人员处理不当，而此时，客户又接到他的客户的投诉，转而投诉货代等。

3）连续投诉无果，使得客户沉默。由于工作失误，客户损失较大，几次沟通无结果。如果出现这种情况，一般而言，通常会出现两种结果，一种是客户寻求新的合作伙伴；另一种则是客户没有其他的选择，只能继续合作。

所有这些可以归纳为四部曲：客户抱怨→客户投诉→客户沉默→客户丢失。其实这些情况在刚出现时，只要妥善处理是完全可以避免的。因为当客户对你进行投诉时，就已说明他还是想继续与你合作，只有当他对你失望，选择沉默，才会终止双方的合作。

三、正确处理，投诉会带来相应商机

1）一位客户的投诉得到了圆满解决，他会将此次满意的经历告诉他身边的人，至少会是三个人。专业研究机构的研究表明，对客户投诉的圆满解决，其广告效应比媒体广告效应高两到三倍。

2）问题被圆满解决了的投诉客户将会比其他客户更加忠诚，他们甚至会积极地赞美并宣传公司的产品及服务。

3）有效解决有难度的投诉，会提高客服人员今后与客户打交道的技巧。

四、客户投诉处理五大技巧

1）虚心接受客户投诉，耐心倾听对方诉说。客户只有在利益受到损害时才会投诉，作为客服人员要专心倾听，对客户表示理解，并做好记录。待客户叙述完后，复述其主要内容并征询客户意见，对于问题较小的投诉，自己能解决的应马上答复客户。对于当时无法解答的，要做出时间承诺。在处理过程中无论进展如何，到承诺的时间一定要给客户答复，直至问题解决。

2）设身处地，换位思考。当接到客户投诉时，首先要有换位思考的意识。如果是本方的失误，首先要代表公司表示歉意，并站在客户的立场上为其设计解决方案。对问题的解决，也许有三到四套解决方案，可将自己认为最佳的一套方案提供给客户，如果客户提出异议，可再换另一套，待客户确认后再实施。当问题解决后，至少还要有一到两次征求客户对该问题的处理意见，争取下一次的合作机会。

例：某货运公司的 A、B 两名销售人员分别有一票 FOB 条款的货物，均配载在 D 轮从青岛经釜山转船前往纽约的航次上。开船后第二天，D 轮在釜山港与另一艘船相撞，造成部分货物损失。接到船东的通知后，两位销售人员的解决方法如下。

A 销售员：马上向客户催收运杂费，收到费用后才告诉客户有关船损一事。

B 销售员：马上通知客户事故情况并询问该票货物是否已投保，积极协调承运人查询货物是否受损并及时向客户反馈，待问题解决后才向客户收费。

结果 A 的客户货物最终没有损失，但在知道真相后，对 A 及其公司表示不满并终止合作。B 的客户事后给该公司写来了感谢信，并扩大了双方的合作范围。

3）承受压力，用心去做。当客户的利益受到损失时，着急是不可避免的，以至于会有一些过分的要求。作为客服人员此时应能承受压力，面对客户始终面带微笑，并用专业的知识、积极的态度解决问题。

例：某货运公司接到国外代理指示，有一票货物从国内出口到澳大利亚，发货人是国内的 H 公司，货运公司的业务员 A 与 H 公司业务员 D 联系定舱并上门取报关单据，D 因为自己有运输渠道，不愿与 A 合作，而操作过程中又因航班延误等原因 D 对 A 出言不逊，不予配合。此时，A 冷静处理，将 H 公司当重要客户对待。此后，D 丢失了一套结关单据，A 尽力帮其补齐。最终，A 以自己的服务、能力赢得了 D 的信任，同时也得到了 H 公司的信任，使合作领域进一步扩大。

4）有理谦让，处理结果超出客户预期。纠纷出现后要用积极的态度去处理，不应回避。在客户联系你之前先与客户沟通，让他了解每一步进程，争取圆满解决并使最终结果超出客户的预期，让客户满意，从而达到在解决投诉的同时抓住下一次商机。

例：C公司承揽一票30标箱的海运出口货物由青岛发往日本，由于轮船爆舱，在不知情的情况下被船公司甩舱。发货人知道后要求C公司赔偿因延误运输而产生的损失。C公司首先向客户道歉，然后与船公司交涉，经过努力船公司同意该票货物改装3天后的班轮，考虑到客户损失将运费按八折收取。C公司经理还邀请船公司业务经理一起到客户处道歉，并将结果告诉客户，最终得到谅解。结果该纠纷圆满解决，货主方经理非常满意，并表示："你们在处理纠纷的同时，进行了一次非常成功的营销活动"。

5) 长期合作，力争双赢。在处理投诉和纠纷的时候，一定要将长期合作、共赢、共存作为一个前提，以下技巧值得借鉴。

① 学会识别、分析问题；

② 要有宽阔的胸怀、敏捷的思维及超前的意识；

③ 善于引导客户，共同寻求解决问题的方法；

④ 具备本行业丰富的专业知识，随时为客户提供咨询；

⑤ 具备财务核算意识，始终以财务的杠杆来协调收放的力度；

⑥ 有换位思考的意识，勇于承担自己的责任；

⑦ 处理问题时留有回旋的余地，任何时候都不要将自己置于险境；

⑧ 处理问题的同时，要学会把握商机。通过与对方的合作达到双方共同规避风险、实现共赢的目的。

此外，客服人员应明白自己的职责，首先解决客户最想解决的问题，努力提升在客户心目中的地位及信任度，通过专业知识的正确运用和对公司政策在不同情况下的准确应用，最终达到客户与公司都满意的效果。

小　结

物流客户投诉的处理是企业物流客户服务管理中很重要的组成部分，让客户满意已经成为现代物流企业提高市场竞争力、改善企业形象的重要战略，而有效的客户投诉管理正是这一战略不可或缺的重要环节。

本单元分别从物流客户投诉的定义、物流客户投诉的基本原因、物流客户投诉处理原则、物流客户投诉处理的程序、物流客户投诉处理的方法和技巧五个方面阐述了如何进行物流客户投诉处理。

练 习 题

一、名词解释

客户投诉

二、填空

1. 企业要有专门的制度和人员来处理客户投诉，另外要做好各种预防工作，使客户投诉防患于未然，这属于处理客户投诉的＿＿＿＿＿＿原则。

2. 对每一起客户投诉及其处理都要做出详细的记录，为以后更好地处理客户投诉提供参考，这属于处理客户投诉的＿＿＿＿＿＿原则。

3. 在客户投诉处理流程中，"利用客户投诉记录表详细记录客户投诉的全部内容，如投诉人、投诉时间、投诉对象、投诉要求等"所指的流程是＿＿＿＿＿。

4. 处理客户投诉的原则有＿＿＿＿、＿＿＿＿、＿＿＿＿、＿＿＿＿、＿＿＿。

三、问答

1. 处理物流客户投诉的原则是什么？
2. 物流客户投诉的基本原因是什么？
3. 处理物流客户投诉的程序有哪些？
4. 处理物流客户投诉的基本方法有哪些？

四、课堂实训

目的：掌握物流客户投诉的基本原因、物流客户投诉处理的原则及流程。

任务：请结合所学的知识分析以下案例并回答问题。

案例 1：某商场推销员王雪，在 A 顾客询问低档商品时，态度冷淡，爱理不理；而面对有购买高档首饰意向的 B 顾客时，笑容可掬，热情周到。A 顾客愤愤不平，遂向该商场投诉。可该商场没有专门的人员管理此事，半月后，顾客仍然没有得到答复。A 顾客于是直接找商场的总经理，总经理知道后，立即处分王雪，扣罚奖金。将处理结果告诉了 A 顾客，此事圆满解决。

问题：案例中，该商场的做法违背了处理客户投诉的什么原则？你认为处理客户投诉的流程包括哪些步骤？

案例 2：2019 年 7 月 1 日王先生从青岛发送一台电脑给其在上海的儿子，儿子 7 月 2 日要从上海坐下午 3 点的飞机出国，急需一台电脑，王先生非常慎重，亲自选定一家知名的某物流公司承运他的电脑，要求 7 月 2 日中午 12 点前送达在上海某高校儿子的住所。该物流公司的业务员马上与王先生签订承运合同，并在运单上特别写明了到货时间。临走时，王先生还是不放心，生怕业务员解释不清，又亲自打电话给该物流公司，在确实得到对方肯定的承诺后才离开。

7月2日上午11点，王先生打电话给该物流公司，对方送货人员已经在去他儿子住所的路上。到了12点，王先生又打电话给送货人员，得到的答复是堵车，问何时能到，对方回答"不知道"。过了1个小时，到了下午1点，王先生打电话催问送货情况，送货人说还堵在路上，一直到下午3点货才到了王先生儿子的住所，可是王先生的儿子乘坐的飞机已到了起飞的时间，所以没有带走电脑，王先生还需重新将电脑寄到国外。王先生非常气愤，打电话投诉该公司，要求赔偿损失。

问题：案例中客户投诉的主要原因是什么？物流客户投诉的基本原因有哪些？

案例3：2019年5月5日，某物流公司客户投诉管理部门来了一位客户，一进门就气呼呼地说："你们公司送货时间怎么这么长？服务水平太差！叫你们老总出来。让他给我个说法！"

客户服务部门人员立刻接待并安抚他说："先生，您先不要生气，您能先和我说说是什么事吗？让您那么生气，也许我可以帮您呢？"经过客服人员耐心的安抚，客户的情绪逐渐稳定下来。客服人员仔细询问，原来事情是这样的。

这位先生是一位水果商人，从海南进了10箱荔枝，想趁着旺季卖个好价钱。2019年5月1日，委托该物流托运10箱荔枝到青岛，原定到货时间是5月2日，可是5月2日，这位先生多次致电货运公司，均称货物尚未到，5月7日，这位先生接到货运公司的电话，说荔枝已到，这位先生前往货运站取货，却发现10箱荔枝腐烂变质，好的所剩无几，给这位水果商人造成了很大的损失。这位先生非常生气，于是前来找物流公司客户部投诉。

问题：物流客户投诉处理的程序有哪些？如果你是该物流公司的客户服务部门人员，接到这样的物流客户投诉你将如何处理？

五、课外实践

目的：培养学生树立正确的服务理念，真诚对待投诉客户，运用所学客户投诉处理的原则、步骤和方法正确有效地处理物流客户投诉。

任务：到物流企业参观学习，观察物流客户服务人员是如何处理客户投诉的，然后根据自己的观察写出你看到的物流客户服务人员处理投诉事件的方法和技巧是什么。如果让你来处理此投诉事件，你将如何处理？

六、综合模拟仿真实践

1．实训目标

应用所学书本知识对学生进行实战训练，培养学生分析和解决实际问题的能力，为今后尽快适应物流企业的工作打下坚实的基础。

2．实训内容：客服接待投诉客户处理情景设置（形成书面材料）

1）情景设置：客服人员接待投诉客户。

2）角色扮演：由两个同学随机自由搭配组合，分别扮演客服人员和投诉客户，合

单元 7　物流客户投诉处理

理设置客户投诉的工作情景。

3）相关要求：①接待投诉客户处理情景设置要合乎实际工作情境；②扮演的角色要合情理；③灵活运用所学的物流客户投诉处理的原则、流程和方法；④注意处理客户投诉的技巧以及特殊客户投诉的处理方法；⑤注意物流客户服务人员情绪控制，避免进入客户投诉处理的一些误区。

3．考核评分表

填写考核评分表，如表 7-1 所示。

表 7-1　考核评分表

姓名		班级		学号		日期	
考评内容				分值/分	检测结果		实际得分
1. 物流客户投诉处理工作流程的应用				20			
2. 物流客户投诉处理原则的应用				20			
3. 物流客户投诉处理方法的应用				20			
4. 物流客户投诉处理技巧的应用				20			
5. 物流客户服务人员情绪控制				20			
合计				100			

个人认为完成得好的地方

个人认为完成得不满意的地方

值得改进的地方

自我评价	非常满意
	满意
	不太满意
	不满意

注：考评满分为 100 分，60～74 分为及格，75～84 分为良好，85 分及以上为优秀。

拓展阅读：关于"晨光酸牛奶中有
苍蝇"的顾客投诉处理

单元 **8** 电子商务与物流客户服务

● **知识目标**

1. 理解电子商务的定义、内容、产生和发展条件，明确电子商务的影响，掌握电子商务发展的阶段、功能、应用特征和分类。
2. 了解电子商务与物流的关系。
3. 掌握电子商务下物流客户服务的内容。

● **能力目标**

能够掌握电子商务物流客户服务工作过程。

● **情感目标**

在良好的电子商务物流客户服务过程中，理解客户，进而发展与客户间良好的情感。

乘风破浪 E 网远航——中远集团电子商务发展战略

中远集团主要从事海洋运输，在货物运输的过程中，打交道的部门涉及银行、海关、港口、码头、商检、卫生检疫等各种各样的单位，货物的流转和信息传递息息相关。如果采用纸面文件形式进行信息传输，工作量之大是不可想象的。所以，从 20 世纪 80 年代初中远集团就开始了 EDI（电子数据交换）方面的研究，当时研发出的 EDI 标准后来成为了中国海运界的通用标准，一直沿用至今。

中远集团 EDI 中心的建设起步于 20 世纪 90 年代初，当时主要是与国际著名的 GEIS 公司合作，由他们为中远集团提供报文传输服务。1995 年，中远集团正式立项，1996—1997 年完成了中远集团 EDI 中心和 EDI 网络的建设，该 EDI 网络基本覆盖了国内 50 多家大中小货物外代网点，实现了对海关和港口的 EDI 报文交换，并通过北京 EDI 中心实现了与 GEIS EDI 中心的互联，联通了中远集团海外各区域公司。中远集团已经通过 EDI 实现了对舱单、船图、箱管等数据的 EDI 传送，在电子商务方面走在了国内运输行业的前列。

1997 年，中远集团投入大量资金和人力，建成中远集团全球通信专网，并以该网络为基础，构建了中远集团 Intranet 网络平台。该平台的建成，促进了中远集团全球 E-mail 中心的建设。截至 1999 年 10 月，中远集团已经建成以北京为中心，覆盖中国、新加坡、日本、澳大利亚、美洲、欧洲等国家和地区的电子邮件网络，中远集团海内外的大部分业务人员已经通过其全球 E-mail 系统进行日常业务往来。

1997 年 1 月，中远集团总公司正式开通 www.cosco.com.cn 网站。北美、欧洲、中远集运、中远散运、广远等集团各所属单位的网站也相继建成。网站的建立在树立中远集团良好企业形象，扩大中远集团影响，为用户提供高效便捷服务等方面取得了一定的成效，同时也为中远集团开辟了一条通过 Internet 与外界沟通信息、加速中远信息流转的新途径。

1998 年，中远集团在网站上率先推出网上船期公告和订舱业务。这一业务的开展，突破了传统服务中速度慢、效率低、工作量大、差错率高的问题，将货运服务直接送到客户的办公桌上，使客户足不出户便可办理货物出口业务流程中的委托订舱、单证制作、信息查询等多种业务。在网上订舱业务的基础上，中远集团又向全球客户推出了中转查询、信息公告、货物跟踪等多项业务，从而使全球互联网用户均可直接在网上与公司开展商务活动。公司推出的整套网上营销系统，已初步具备虚拟网上运输的雏形，具有较强的双向互动功能和较高的服务效率。其中，电子订舱系统可使每一位网上用户在任何地区和时间内，通过互联网与公司开展委托订舱业务，任何一位客户只要具备上网条件，都可足不出户地直接访问中远的电子订舱系统。货物运输及中转查询系统则体现出方便、快捷、准确的操作特色。这项功能可使客户对货物实行动态跟踪，在网上随时查询单证流转、海关申报、进出口及中转货物走向等相关信息。信息公告系统还可以在最短的时间内将中远有关船期调整、运价变化等情况在互联网上做出及时反应。中远集团电子商务应用的成功开展，极大地提高了市场营销的科技含量，新的客户群越来越多地从互联网上聚集而来。

"中远网"的建设已初具规模，中远集团近 20 个所属单位网站的建设已基本完成，各站点间也实现了链接，组成了"中远网"的基本框架，无论从企业形象还是业务功能上，都在向世界辐射着中远集团的影响。

中远集团发展电子商务的战略目标定位在从全球客户的需求变化出发，以全球一体化的营销体系为业务平台，以物流、信息流和业务流重组为管理平台，以客户满意为文化理念平台构建基于 Internet 的、智能的、服务方式柔性的、运输方式综合多样并与环境协调发展的网上运输和综合物流系统。

（1）动力平台——满足全球客户需求变化

随着电子商务的发展，客户的需求正由实体交易转向虚拟交易，客户最终关心的是以消费者为本的"供给链"、"供给链管理"以及"供给链一体化"在网上与现实之间的完美结合。因此，中远集团发展电子商务的根本出发点和唯一动力就是围绕全球客户的需求变化，为企业创造最佳的效益。

（2）业务平台——全球一体化的市场营销体系

当前，包括中远集团在内的国际上各大航运企业的内部资源配置模式正在由航线型资源配置模式向全球承运的资源配置模式转变，将遍布于全球各地的人员、设备、信息、知识和网络等资源进行全方位、立体化的协调和整合，形成全球一体化的营销体系。中远集团电子商务是其全球营销体系的网上体现，中远集团全球营销体系则是中远集团全球性电子商务的基础平台。

（3）管理平台——物流、信息流和业务流的重组

中远集团电子商务的管理平台是实现物流、信息流和业务流"三流统一"，以创造更科学、更合理、更节约的生产与消费的衔接。这一管理体系从构成上讲，不是单纯的硬、软件技术，它一方面从市场上收集各种物流提供者所提供的信息，包括服务内容、方式、费用、时间等；另一方面以客户需求为准提供包括服务水平、质量、成本等信息，并将两方面的信息进行集中、加工整理、分析和融会贯通，从而在供求关系上达到互动性交易。作为全球承运人，航运作为全球物流的主干环节，与客户和其他环节的物流提供商存在密切的联系而使得发展电子物流具备先天优势，关键是要以互联网为基础，整合客户供应链各环节的物流提供者，构造面向客户的虚拟综合物流网络。

（4）服务平台——"一站服务"和"绿色服务"

中远集团独具特色的"一站服务"，现在是由其全球营销网络中的每一个服务窗口全部接受客户原先需在公司其他几个部门或窗口才能完成的托运操作手续。客户只要找一位业务员，办理一次委托手续，就可以将极其烦琐的出运操作流程交付处理。而将来"中远网"上的"一站服务"，将使客户操作更便捷，只需点击一下鼠标，

就可完成所有手续。中远集团现在推出的"绿色服务",是业务人员进驻客户单位进行联合办公,客户只需提供委托书或订舱书,整个出运业务流程便全部由这些业务人员来完成。而将来"绿色服务"的功能将直接嵌入客户的内部网络中,参与客户的电子商务过程,给客户提供更优良的服务平台。

(5)技术平台——Internet 和中远全球信息管理系统

完善的电子商务的前提和基础是完善的企业级计算机网络及金融、贸易和法律环境,中远集团正致力于从系统设计、数据标准、功能模块、网络技术上,将现有信息系统按照电子商务的更高要求进行完善和调整,致力于在国内外推广电子提单的应用,并在中国航运电子商务业内标准的建立上做出自己应有的贡献。

如果说企业过去建网、做信息系统多源于提高办公效率的目的,现在从事电子商务则更多了一种关乎企业生存发展的使命感。企业做电子商务,首先都是搭平台、建网站,但这只是第一步,电子商务之路应该怎么走取决于企业想用这个平台做什么。

产品制造型企业想建的可能是网上市场,通过它更好地卖东西;服务型企业可能更希望通过网站增强、延伸自己的服务内容和手段,使自己更具竞争力。但这也只是泛泛而谈,让电子商务真正成为促进企业发展的有效手段,最重要的还是应该从核心业务入手,切入企业的关键需求。

以中远集团为例,它的核心业务是物流运输,涉及的单位多,处理的信息量大,为用户提供服务最需要解决的就是方便用户的办事流程,进行高效、准确、安全的信息服务。多年来,他们一直围绕这个主题,在运输服务领域进行信息技术的探索应用,从 EDI 中心、企业内部网到现在的"中远网"建设,先实现了信息流转电子化,然后一步步地把自己的各种业务搬上网,现在又在筹划开拓新的服务内容。他们看清了物流运输中自己应该扮演的角色,走出了一条有中远特色的电子商务发展之路。

每个企业都有自己特色的业务需求,找准自己的应用点,信息技术贯穿其中,发展电子商务就目标明确、有的放矢。如果看到别人做好了,自己单纯地进行模仿,南橘北枳,很容易费力不讨好。

(资料来源:张庆英,2018. 物流案例分析与实践[M]. 3 版. 北京:电子工业出版社.)

案例解析　不同的企业或行业,因为主营业务的不同,其信息技术的应用都带有深刻的行业色彩。具体到中远集团,可以说其信息系统的建设历程实际上就是一个对电子商务不断认识、探索、发展的过程。

案例思考　什么是电子商务?中远集团是如何做好电子商务物流客户服务的?

8.1 电子商务概述

8.1.1 电子商务的基本概念

迄今为止，对电子商务还没有一个统一的定义。人们从不同的角度，对电子商务形成了不同的认识。

1）从通信的角度看，电子商务是在 Internet 上传递信息、产品/服务或进行支付。

2）从服务的角度看，电子商务是一个工具，它能满足企业、消费者、管理者的愿望——在提高产品质量和加快产品/服务交付的速度的同时降低服务成本。

3）从在线的角度看，电子商务提供了通过 Internet 的销售信息、产品、服务。

4）从企业经营的微观角度看，电子商务是通过 Internet 支持企业的交易活动，即产品或服务的买卖。

5）从企业经营的宏观角度看，电子商务是基于 Internet，支持企业经营的产、供、销、人事、财务等全部活动的自动化。

6）IBM 公司对电子商务的定义：电子商务是在 Internet 的广阔联系与传统信息技术系统的丰富资源相互结合的背景下，应运而生的一种在互联网上展开的相互关联的动态商务活动，电子商务有广义和狭义之分。

7）惠普公司对电子商务的定义：电子商务是通过电子化手段来完成商业贸易活动的一种方式；是我们能够以电子交易为手段，完成物品和服务等的交换；是商家和客户之间的联系纽带。

8）联合国国际贸易程序简化工作组对电子商务的定义：采用电子形式开展商务活动，它包括在供应商、客户、政府及其参与方之间通过任何电子工具，如 EDI、Web 技术、电子邮件共享非结构化或结构化的商务信息，并管理和完成在商务活动、管理活动和消费活动中的各种交易。

9）美国政府在《全球电子商务纲要》中认为：电子商务是通过 Internet 进行的各种商务活动，包括广告、交易、支付、服务等，全球电子商务将涉及世界各国。

10）综合定义：电子商务就是用电子技术、数据处理技术解决商业和贸易领域中的信息处理问题。体现了企业生产过程的变革，包括资源的调配、生产技术的革新，管理的虚拟化等。

8.1.2 电子商务的内容

（1）关键——电子商务的应用

电子商务已经不只是电子交易了，而是在网络计算机环境下的一种商业化应用，不仅指软件、硬件的结合，也不单指是一种交易，而是把买家、卖家、厂商和合作伙伴通过 Internet、企业内部网、外部网全面结合起来的一种应用。

（2）3C 层次应用

1）内容管理（content management）。内容管理是通过更多地利用信息来增加产品的品牌价值，主要体现在通信和服务方面。

2）协同及信息（collaboration and messaging）。协同及信息是指自动处理商品流程，减少成本，缩短开发周期（比如在内部，邮件与信息共享；在外部，销售自动化等）。

3）电子交易（electronic commerce）。电子交易是指从新的市场和电子渠道增加收入。包括四种具体应用：市场与售前服务（Web 站点树立形象）、销售活动、客户服务、电子货币支付。

> **练一练：** 与周围的同学聊一聊你所理解的"电子商务"。

8.1.3　电子商务的产生和发展

1. 电子商务产生的原因

电子商务产生的原因有以下几点。

1）区域性商务业务发展的需要。

2）EDPS（电子数据处理系统）和 MIS（管理信息系统）技术的发展为电子商务处理提供了技术基础。

3）20 世纪 90 年代以来，国际信息通信事业的迅猛发展和电子数据交换技术的日新月异，成为直接的原因。

2. 电子商务产生和发展的条件

电子商务最早产生于 20 世纪 60 年代，发展于 90 年代，主要是在企业中产生的。比如典型的是美国航空公司开发的计算机互联网订票系统的成功。其产生和发展的重要条件主要有以下几点。

1）计算机的广泛应用。随着计算机的处理速度越来越快，处理能力越来越强，价格越来越低，应用也就越来越广泛，这为电子商务的应用提供了基础。

2）网络的普及和成熟。由于 Internet 逐渐成为全球通信和交易的媒体，全球上网用户呈指数增长趋势，快捷、安全、低成本的特点为电子商务提供了应用条件。

3）信用卡的普及和应用。信用卡方便、快捷、安全等优点使它成为人们消费支付的重要手段，并由此形成了完善的全球性信用卡计算机网络支付与结算系统，使"一卡在手，走遍全球"成为可能，这为电子商务网上支付提供了重要的手段。

4）安全电子交易协议的制定。1997 年 5 月 31 日，由美国 VISA 和 Master Card 国际组织等联合制定的 SET 即电子商务安全交易协议的出台，以及该协议得到大多数厂商的认可和支持，为在开放网络上的电子商务提供了一个关键的安全环境。

5）政府的支持与推动。从 1997 年欧盟发布了欧洲电子商务协议，美国随后发布《全球电子商务纲要》以后，电子商务受到世界各国政府的重视，许多国家的政府开始尝试"网上采购"，这为电子商务的发展提供了有力的支持。

3. 电子商务的初期形式

1）电子目录：包括图文视频等不同形式的目录。

2）电子广告：主要指用电子媒体制作广告。

3）电子函件：简化通信过程及方式，并且可以理顺公司内外的联系。

4）电子合同：在网上交换意见并订立的合同。

5）电子铺面：在网上建立的商业性网页。

6）网上预订：通过网络预订交通工具、旅游票据等。

7）运输跟踪：货运仓储调度和货物自动跟踪。

8）电子报关：海关的电子报关、保险、索赔等。

9）电子交易：包括 EDI 电子数据交换和 EFT 电子资金传递系统等，利用网络的交易系统或专用交易系统。

4. 发展的两个阶段

1）第一阶段：基于 EDI 的电子商务。

知识链接

EDI 概述

1. EDI 的概念

在 20 世纪 70 年代，企业间的电子贸易是通过 EDI 来实现的，而什么是 EDI 呢？传统的 EDI 将组织内部及贸易伙伴间的商业文档和信息，以直接读取的、结构化的信息形式在计算机间通过专用网络传输，这些信息的接收者可以直接处理信息而无须重新键入。简单地说，就是将业务文件按一个公认的标准从一台计算机传输到另一台计算机上去的电子传输方法。这样减少了纸张票据，人们也称之为"无纸交易"。

2. EDI 的工作方式

当 A 与 B 需要传递大量信息时，于是 A 在现有的计算机应用系统上进行信息的编辑处理，然后通过 EDI 的转换软件将原始单据格式转换为中间文件，再通过翻译软件变成 EDI 标准格式文件。最后在文件外层上加上通信交换信封，通过通信软件发送到增值服务网络或直接传给对方用户 B，B 通过相反过程进行处理，最后成为 B 可以接收的文件格式进行收阅。

3. EDI 的构成原理

EDI 软件、硬件、通信网络是构成 EDI 系统的三要素。

软件：转换软件，目的是为了能够识别代码；中间文件，可以裁减掉一些根本不用的东西；翻译软件，与中间文件的一种互译；通信软件，发送或接收文件。

硬件：计算机、通信线路、调制解调器等。

通信网络：有两种形式，即直接连接和增值网络。

4. EDI 的特点

使用对象是不同的组织之间。

所传送的资料是一般业务资料。

采用共同标准化的格式。

尽量避免人工的介入操作。

与传真和 E-mail 是有区别的。

5. EDI 的好处

降低纸张的使用成本。

提高工作效率。

节省库存费用。

减少错误数据处理。

节省人员费用。

其他效益。

6. EDI 的问题

环境问题，贸易伙伴之间存在依赖性，要相互信任，有信心处理好由于任何错误所导致的问题。

费用问题，传统运行方式费用相当高，这是阻碍发展的原因。

安全问题，主要包括三个方面，即保密性、完整性、可用性。

7. Internet 对 EDI 发展的影响

Internet 是全球网络结构，可以扩大参与交易的范围。

相对于私有网络和传统的增值网络来说，Internet 可以实现世界范围连接，且费用低廉。

Internet 对数据交换提供了许多简单易于实现的方法，用户可以使用页面完成交易。

ISP 提供了传统 VAN 提供的类似功能，但是服务费用低。

Internet 和 EDI 有着必然的联系，它们结合有四种方式：Internet Mail、标准翻译、WebEDI 和 XMLEDI。

2）第二阶段：基于 Internet 的电子商务。

知识链接

基于 Internet 的电子商务的优势

费用低廉，降低了成本，互联网是国际开放性网络，费用低，不到增值网络的 1/4，尤其对于中小企业而言，可以支付。

覆盖面广，遍及全球，仅用电话线就可以。

功能更全面，可以支持不同类型的用户实现不同层次的商务目标。

使用更灵活，不受特殊数据交换协议的限制。

增多商业机会，24 小时的客户支持和服务，避免世界各地的时差问题。

8.1.4 电子商务的功能

1. 从价值链角度分析

价值链把总价值展开，它由价值活动和差额组成，如图 8-1 所示。

图 8-1 电子商务的功能

价值活动是一个企业所进行的在物质形态上和技术上都界限分明的活动，这是企业赖以创造出对客户有价值产品的基石，分为基本活动和辅助活动两大类。基本活动包括进货后勤、发货后勤、生产作业、经营销售、服务等，是企业价值活动中最主要的和最明显的活动；辅助活动包括采购、技术开发、人力资源管理、企业基础设施等，与基本活动相联系并支持整个价值链。

差额反映的是企业的业绩，是总价值与价值活动成本总和的差。

2. 从应用角度分析

从应用角度分析，也是 IBM 对电子商务功能的划分。

1）网上订购：借助 Web 中的邮件交互传送实现网上订购，而订购信息一般采取加密的方式。

2）服务传递：对已付款的客户将其订购货物传递到他们手中，从电子货仓发给用户端。

3）咨询洽谈：实现异地交谈形式，借助非实时的电子邮件等方式。

4）网上支付：客户和商家之间会采用多种支付方式，省去交易中很多人员的开销。

5）电子账户：网上支付要有电子金融来支持，而电子账户或银行管理就显得尤为重要了。

6）广告宣传：成本比较低廉，信息量大。

7）意见征询：网上的问卷调查，针对各个环节。

8）业务管理：涉及人、财、物多个方面的管理。

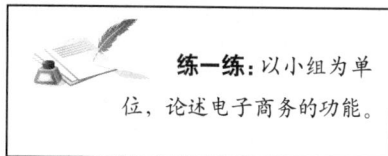

> **练一练**：以小组为单位，论述电子商务的功能。

8.1.5 电子商务的应用特征

1）商务性：最基本特性，提供买、卖交易的服务、手段和机会，可以扩展商机市场。

2）服务性：提供的服务全面、方便，客户、企业均受益。

3）集成性：体现在事务处理的整体性和统一性，规范事务处理流程。

4）可扩展性：对于企业而言，倘若原来有 40 万人次来访问，突然增至 80 万人次，此时若无扩展性，可能导致访问速度急剧下降或有数千次可能带来丰厚利润的客户遭到拒绝。可见，可扩展性是非常重要的特征。

5）安全性：无论网上商品如何有吸引力，若对交易安全性缺乏把握，就根本不敢在网上买卖。可见，安全性是基本要求和特征之一。

6）协调性：商业活动是一种协调过程，需要雇员和客户、生产方、供货方及商业伙伴之间的协调，为了提高工作效率，许多组织都提供了交互式的协议，电子商务活动可以在这些协议基础上进行。

8.1.6 电子商务系统的分类

（1）从使用网络的类型分类

1）EDI 网络：主要应用于企业与企业、企业与批发商、批发商与零售商之间的批发业务，EDI 系统的大范围使用，可以减少数据处理费用和数据重复录入费用，并大大缩短交易时间。

2）Internet 网络：让一大批电脑使用一种叫作 TCP/IP 的协议来及时交换信息，真正实现少投入、低成本、零库存、高效率，避免了商品的无效搬运，实现了资源的高效运转和最大节余。

3）Intranet 网络：将大、中型企业分布在各地的分支机构及企业内部有关部门和各种信息通过网络予以连通，使大家做到信息资源共享，有效降低了交易成本，提高了经营效益。

（2）从商务业务的性质分类

1）国际电子商务系统：包括电子通关、电子报税、电子报检等。

2）普通电子商务系统：网络商业系统（如网络订购、网络商务信息发布、商务单证报文交换）、对公业务系统等。

3）电子银行系统：包括电子支付、资金清算、信用卡业务等。

（3）从商务业务的阶段分类

1）支持交易前的系统：将商务信息分类上网和组合查询。

2）支持交易中的系统：买卖双方间交换商务活动过程中的各种业务文件或单证。

3）支持交易后的系统：涉及银行、金融机构和支付。

（4）按照交易对象分类

1）B2B：商业机构对商业机构。

2）B2C：商业机构对消费者。

3）C2C：消费者对消费者。

4）B2G：商业机构对政府，政府可能会间接影响电子商务。

5）C2G：消费者对政府。

8.1.7 电子商务的重要性

（1）电子商务的优点

1）提高了通信速度。

2）加强了信息交流。

3）降低了成本。

4）加强了联系，提高了服务质量。

5）服务时间延长。

6）增强了企业的竞争力。

（2）电子商务的影响

1）改变商务活动方式。

2）改变经营方式。

3）改变组织结构和职能。

4）改变消费方式。

8.2 电子商务与物流的关系

电子商务是 20 世纪信息化、网络化的产物，由于其日新月异的发展，已广泛引起了人们的注意。电子商务中的任何一笔交易都包含着以下几种基本的"流"，即信息流、商流、资金流和物流。近年来，人们十分强调电子商务中信息流和资金流的电子化、网络化，而忽视了物流的电子化过程。

随着电子商务的进一步推广与应用，物流的重要性对电子商务活动的影响日益明显。试想，消费者在网上浏览后，通过轻松的点击完成了网上购物，但所购物品迟迟不能送到手中，甚至于出现了买电视机送茶叶的情况，其结果可想而知，消费者只能放弃电子商务，选择更为安全可靠的传统购物方式。而我国作为一个发展中国家，物流业起步晚、水平低，在引进电子商务时，并不具备能够支持电子商务活动现代化物流水平，所以，在引入时，一定要注意配备相应的支持技术——现代化的物流模式，否则电子商务活动难以推广。

8.2.1　电子商务对物流的影响

信息技术及计算机技术在物流中的应用将彻底改变物流的面貌。
——董绍华

相对于传统商务中的物流活动，电子商务的出现，改变了物流的方方面面，主要表现在如下几个方面。

1. 电子商务使物流的服务空间有了更大的拓展

电子商务所要求的物流与普通商务所需求的仓储运输存在比较大的差别，传统的储运经营者用传统储运的要求和标准为电子商务服务，使得电子商务经营者仍然抱怨物流服务不到位、跟不上。电子商务的发展需要的是增值性的物流服务，而不仅仅是传统的物流服务。增值性的物流服务包括以下几个方面。

1）增加便利的服务。一切能够简化手续和操作的服务都是增值性服务。在提供电子商务的物流服务时，推行一条龙、门到门服务，提供完备的操作或者作业提示、代办业务、24 小时营业、自动订货、传递信息和转账，以及物流全过程的追踪等服务，这些都是对电子商务有用的增值服务。

2）延伸服务——将供应链集成在一起的服务。电子商务下，新型物流强调物流服务的恰当定位和完善化、系列化。向上可以延伸到市场调查与预测、采购及订单处理，向下可以延伸到配送、物流咨询、物流方案的选择与规划、库存控制决策建议、货款回收与结算、教育与培训、物流系统的设计与规划方案的制作等。

3）结算、需求预测、物流系统设计咨询、物流教育与培训等服务。关于结算功能，物流的结算不仅是物流费用的结算，还包括替货主向收货人结算货款等。关于需求预测功能，物流服务商应该负责根据物流中心商品进货、出货信息来预测未来一段时间内的商品进出库量，进而预测市场对商品的需求，从而指导订货。关于物流系统设计咨询功能，第三方物流服务商要充当电子商务经营者的物流专家，因而必须为电子商务经营者设计物流系统，代替它选择和评价运输商、仓储商及其他物流服务供应商。关于物流教育与培训功能，物流系统的运作需要电子商务经营者的支持与理解，通过向电子商务经营管理者提供物流培训服务，可以培养其与物流中心经营者的认同感，可以提高电子商务经营者的物流管理水平，可以将物流中心经营者的要求传达给电子商务经营者，也便于确立物流作业标准。

4）降低成本的服务。在电子商务发展前期，高的物流成本可能会使有的企业退出电子商务领域，或者将物流外包出去，所以，寻找能够降低物流成本的方案对电子商务企业至关重要。企业可以考虑的方案包括物流共同化计划，即和其他企业共同使用同一物流系统，通过规模经济来降低物流成本。同时，如果具有一定的商务规模，可以采用比较适用但是投资较少的物流设备和技术来降低物流成本。

5）配送服务。在电子商务环境中，物流业是处于供方与需方之外的第三方，应以服务作为第一宗旨。从目前状况看，物流业的服务客户分布可能比较分散。因此，如何在一个广阔的地理范围内高效率、低成本地提供物流服务，成了物流企业管理的中心课题。建立配送中心可以相对缩短与客户的距离，提高对客户的反应速度，改善服务质量。

2. 电子商务促进物流基础设施的改善和物流技术及管理水平的提高

1）电子商务促进物流基础设施的改善。电子商务的高效率和全球性的特点，要求物流也要适应电子商务发展的需要，而物流要完成这一目标，必须具备交通运输网络、通信网络等良好的基础设施来保证电子商务的需要。

2）电子商务促进物流技术的进步和管理水平的提高。物流技术包括物流硬技术和软技术。物流硬技术是指在提供物流活动过程中所需要的各种材料、机械和设施设备等；而软技术是指组织高效率的物流所需的计划、管理、评价等方面的技术和管理方法。物流技术水平的高低是实现物流效率高低的一个重要因素，建立一个适应电子商务运作的高效率的物流系统，对提高物流的技术水平有着重要的作用。

3. 电子商务使物流可以通过虚拟的形式实现

电子商务作为一种新兴的商务活动，为物流创造了一个虚拟的运行空间。在电子商务环境下，人们在进行物流活动时，物流的功能可以通过虚拟化的形式表现出来，在这种虚拟的过程中，人们可以通过各种组合方式，寻求物流的合理化，使商品在流动过程中，达到效率最高、费用最省、距离最短、时间最快的目的，例如一些电子出版物、电子书刊、网上音乐、电子图书、杀毒软件等产品的物流活动就可以通过这种虚拟的形式实现。

4. 电子商务下物流需求发生了新的变化

1）消费者地区分布分散化。电子商务的最大载体是互联网，从理论上说，凡是连接到互联网的地区都是电子商务可能销售的地区。一般商务活动的有形销售网点资源都是按销售区域来配置的，每一个销售点负责一个特定的销售区域，并且负责这个区域的配置。但是在电子商务情况下，客户在地理上是十分分散的，要求送货的目的地不集中，物流网络也不能有互联网那样广阔的覆盖范围，所以物流要适应电子商务下消费者地理上的分布特征，必须要有新的解决方案。针对这种变化，可以有两种办法：一种办法是像有形店铺销售一样，要对销售区域进行定位，对消费者集中的地区提供物流承诺；另一种办法是针对不同的销售区域采取不同的物流服务政策。在消费者较集中的地区，订货可能较集中，可以使用不低于有形店铺销售的送货标准组织送货；对于较偏远地域，订货可能较分散，则要进行集货，送货期就要比大城市长得多，所以那里的消费者享受的电子商务服务就要差一些。

2）销售的商品标准化。并不是所有的商品都适合使用电子商务形式销售，这主要是由于商品的消费特点和流通特点的不同造成的，其中最主要的原因是流通特点不同。例如音乐、电影、计算机软件等就非常适合电子商务销售，因为这些商品可以在网上实现交易的全过程，包括商品信息查询、订货、支付、交付等，实现了商流、资金流、信息流、物流的完全统一。但是其他一些有形商品，相应地对物流的要求也较高。电子商务为了降低物流环节的成本，应当选择适当的商品经营品种。因为品种越多，进货渠道和销售渠道就越复杂，组织物流的难度就越大，成本也越高。一般来说，商品如果有明确的包装、质量、数量、价格、储存、运输和使用标准，对储存、运输等作业没有特殊要求，就适合采用电子商务的形式销售。

3）物流服务需求的多功能化。传统的物流将运输、储存、包装等各个环节相互独立，各个环节可能由不同的企业单独完成；但是现代电子商务对物流的要求是提供全方位服务，除了运输、仓储服务外，还包括配货、分发和客户需要的配套服务，使物流成为联系生产企业和用户的重要环节。

5. 电子商务成为物流企业提高效率和效益的保障

电子商务的兴起，为物流产业带来了更为广阔的增值空间，网络技术为物流企业建立高效、节省的物流信息网提供了最佳手段。当然，目前物流业因不能适应电子商务快速发展而暴露出种种不尽如人意之处，但这恰恰是现代物流服务产业无限商机的源泉。物流产业在电子商务时代将获得前所未有的发展机会，前景十分乐观。电子商务对配送需求的多样性与分散性，为物流企业整合系统内资源提供了内在动力与外在需求；电子商务同时为物流功能集成化、物流服务系列化和增值化提供了运作空间。

1）电子商务为物流功能集成创造了有利条件。电子商务的发展必将加剧物流业的竞争，竞争的主要方面不是硬件而是软件，是高新技术支持下的服务，提高知识含量是物流业介入电子商务的实质。电子商务可以表现为很多技术的应用，但只是一种重要的形式，只有通过技术和业务的相互促进，才能实现形式与内容的统一。电子商务公司希望物流企业提供的配送不仅仅是送货，而是最终成为电子商务公司的客户服务商，协助电子商务公司完成售后服务，提供更多增值服务内容，如跟踪产品订单、提供销售统计、代买卖双方结算货款、进行市场调查与预测、提供采购信息及咨询服务、协助选择与规划物流方案、提供库存控制策略建议、实施物流教育培训等系列化服务，增加电子商务公司的核心服务价值。

2）电子商务为物流企业实现规模化经营创造了有利条件。电子商务为物流企业实施网络化与规模化经营搭建了理想的业务平台，便于物流企业建立自己的营销网、信息网、配送网。当然，网络化经营的运作方式不一定全部要由物流企业自己来完成，第三方物流企业更多的应是集成商，通过对现有资源的整合来完善自己的网络，实现物流功能的集成化。这一集成侧重将物流与供应链的其他各环节加以集成。现在越来越多的企业认识到物流是获得竞争优势的重要手段，把"价值链"的概念引入物流管理，形成了"供应链"的概念，把物流称为一体化供应链，物流系统的竞争优势主要取决于它的一体化（即功能整合与集成）程度。

3）电子商务的虚拟技术为物流企业提高管理水平提供了工具。虚拟化与全球化发展趋势促使物流企业加强自身网络建设，电子商务的发展要求物流配送企业具备在短时间内完成广阔区域物流任务的能力，同时保持合理的物流成本。物流企业应该通过互联网整合现有的物流手段，加强与其他物流服务商的联系，加快海陆空一体化物流平台的建设，发展物流网上交易市场，从而提高物流资源综合利用率和服务水平。

4）电子商务影响和改变着物流运作形态。电子商务使物流企业实现网络实时控制，物流运作以信息为中心，在实际运作过程中，通过网络上信息传递，有效实现对物流的实时控制，实现物流的合理化。电子商务改变物流企业对物流的组织和管理，电子商务要求物流从社会角度实行系统的组织和管理，打破传统物流分散状态。电子商务改变物流企业竞争状态，电子商务时代的企业竞争虽然存在，但重要性降低了。这使企业间出现了竞争与合作的双重需要，要求物流企业形成一种协同竞争的状态，以实现物流高效化、合理化、系统化。

5）电子商务环境要求物流企业创新客户服务模式。电子商务的即时性要求物流企业创新其客户响应模式，建立良好的信息处理系统和传输系统，以便对客户要求在第一时间做出反应。在电子商务条件下，速度已上升为物流企业最主要的竞争手段，所以在物流系统内采用 EDI 技术成为一种重要趋势。

6）电子商务推动物流社会化。互联网推动传统物流向现代社会化物流方向发展。互联网有利于整合社会资源，互联网为物流企业发展提供同等机遇，互联网推动物流信息网络建设。就物流运作本身而言，所有物流活动都以服务为中心，包括供应、运输、储存、信息、加工服务等，衡量服务质量看是否做到"准时制"（JIT）。现代物流信息网络为 JIT 提供平台，并为管理决策提供数据。物流信息管理水平标志着一个物流企业服务水平和管理水平，以互联网为基础的现代物流信息管理，大大扩展物流服务领域，创造企业新的利润增长点。

> **练一练**：在小组内演讲，用身边的实例说明电子商务对物流的影响。

8.2.2 物流对电子商务的重要作用

1. 物流是电子商务的重要组成部分

电子商务概念模型是对现实世界中电子商务活动的一般抽象描述，它由电子商务实体、电子市场、交易事务和信息流、资金流、商流、物流等基本要素组成。电子商务中的每一笔交易，都伴随着商流、物流、信息流和资金流。其中商流是指商品在购销之间及交易和商品所有权的转移，具体是指商品交易的一系列活动；信息流既包括商品信息的提供、促销、技术支持、售后服务等内容，也包括询价单、报价单、付款通知单等商业贸易单证，还包括交易方的支付能力、支付信誉等；资金流是指资金的转移过程，包括付款、转账等；物流作为四流中最为特殊的一种，是指物质实体的流动过程，包括运输、储存、装卸、搬运、包装、流通加工等环节。少数商品和服务可以直接通过网络传输的形式进行配送，如各种电子出版物、信息咨询服务、有价信息软件等，而对于大部分商品和服务，物流仍要经由物理性方式传输。所以，物流是电子商务的重要组成部分。

2. 现代物流是电子商务发展的基础

（1）现代物流技术为电子商务快速推广创造条件

电子商务是各参与方之间以电子方式完成的业务交易。通常，每笔成功的电子商务交易都需具备三项基本要素：物流、信息流和资金流。其中，物流是基础，信息流是桥梁，资金流是目的。每天在全球范围内发生着数以百万计的商业交易，每一笔商业交易的背后都伴随着物流和信息流，贸易伙伴需要这些信息，以便对产品进行发送、跟踪、分拣、接收、存储、提货及包装等。在信息化高度发展的电子商务时代，物流与信息流的相互配合变得越来越重要，在供应链管理中必然要用到越来越多的现代物流技术。

物流技术是指与物流要素活动有关的所有专业技术的总称，包括各种操作方法、管理技能等，如流通加工技术、物品包装技术、物品标志技术、物品实时跟踪技术等；物流技术还包括物流规划、物流评价、物流设计、物流策略等；当计算机网络技术的应用普及后，物流技术中综合了许多现代技术，如地理信息系统（GIS）、全球卫星定位（GPS）、电子数据交换（EDI）、条形码等。物流业在采用某些现代信息技术方面的成功经验和规范集成，为电子商务的推广和普及铺平了道路。

由于电子商务的发展还处于成长期，人们对电子商务中物流的作用还有待进一步认识，但可以基本明确物流对电子商务会起到如下作用：集成电子商务中的商流、信息流与资金流，提高电子商务的效率与效益；扩大电子商务的市场范围；协调企业电子商务发展目标，优化资源组合，实现基于电子商务的供应链集成；支持电子商务的快速发展，使电子商务成为 21 世纪最具竞争力的商务形式。

（2）物流配送体系是电子商务的支持系统

现代物流可以为电子商务用户提供多方面服务。根据电子商务的特点，对整个物流配送体系实行统一的信息化管理，可以按照用户网上输入的订货要求，配送服务商家在物流基地进行理货、配货作业，并根据计算机选择的最优送货路线将配好的货物送交收货人。先进的配送方式对物流企业提高服务质量、降低物流成本、优化社会库存配置，从而提高企业的经济效益及社会效益具有重要意义，现代配送作为物流的一种有效的组织方式，代表了现代市场营销的发展方向，电子商务催化了传统物流方式的革命。

回顾配送制的发展历程，可以说经历了两次革命。初期阶段就是送货上门，为了改善经营效率和巩固市场地位，许多商家采用把货送到买主手中，这是物流业务的第一次革命；第二次物流革命是伴随着电子商务的出现而产生的，这次脱胎换骨的变革不仅影响到物流配送本身，也影响到上下游系统，包括供应商和消费者，物流配送的信息化及网络技术的广泛应用所带来的影响，使物流配送效率大为提高。下面对此略加分析。

1）电子商务给传统的物流配送观念带来深刻的革命。传统的物流配送企业需要配备大面积的仓库，而电子商务下网络化的虚拟企业将散置在各地的分属不同所有者的仓库通过网络系统连接起来，使之成为"虚拟仓库"，进行统一管理和调配使用，服务半径和资源的合理配置方面都是传统的物流配送所无法比拟的，相应的物流配送观念也必须是全新的。

2）网络对物流配送的实时控制代替了传统的物流配送管理程序。一个先进系统的使用，会给企业带来全新的管理方法。传统的物流配送过程是由多个业务流程组成的，受人为因素影响和时间因素影响很大。网络的应用由网络系统连接，当系统的任何一个神经末端收到一个需求信息的时候，该系统都可以在极短的时间内做出反应，并可以拟定详细的配送计划，通知各环节开始工作。这一切工作都是由计算机根据人们事先设计好的程序自动完成的。

3）在网络环境下物流配送的时间大大缩短，对配送速度提出了更高的要求。在传统的物流配送管理中，由于信息交流的限制，完成一个配送过程的时间比较长，现在随着网络系统的介入，这一时间会变得越来越短，任何一个有关配送的信息和资源都会通过网络管理在几秒钟内传到有关环节。

4）网络系统的介入，简化了物流配送过程。传统物流配送整个环节极为烦琐，在网络化的新型物流配送中心里可以大大缩短这一过程。

结合以上四点，实行信息化配送制，发展现代化、自动化、信息化的新型物流配送业是我国发展和完善电子商务服务的一项重要内容。

8.3 电子商务物流客户服务

时间、空间限制是人们从事社会经济活动的主要障碍，也是构成企业经营成本的重要因素，电子商务把商业及其他业务活动所受的时空限制大大弱化了，从而降低了企业经营成本和国民经济运行成本。电子商务可以实现商务过程中的产品询价、合同签订、供货、发运、投保、通关、结算、批发、零售、库存管理等环节的自动化处理。电子商务有许多现实或潜在的优点，可使企业的经营活动更为经济、简便、高效、可靠，更好地满足消费者的需求。

8.3.1 电子商务的物流服务内容

电子商务的物流服务内容概括来说可以分为以下两个方面。

1. 基本物流服务

传统物流服务是覆盖全国或一个大的区域的网络，因此，第三方物流服务提供商首先可能要为客户设计最合适的物流系统，选择满足客户需要的运输方式，然后组织网络内部的运输作业，在规定的时间内将客户的商品运抵目的地。除了在交货点交货需要客户配合外，整个运输过程，包括最后的市内配送都应由第三方物流经营者完成，以尽可能方便客户。这个物流系统需要具备以下功能。

1）储存功能。电子商务既需要建立 Internet 网站，同时又需要建立物流中心，而物流中心的主要设施之一就是仓库及附属设备。需要注意的是，电子商务服务提供商的目的不要在物流中心的仓库中储存商品，而是通过仓储保证市场分销活动的开展，同时尽可能降低库存占压的资金，减少储存成本。因此，提供社会化物流服务的公共型物流中心需要配备高效率的分拣、传送、储存、拣选设备。

2）装卸搬运功能。这是为了加快商品的流通速度必须具备的功能，无论是传统的商务活动还是电子商务活动，都必须具备一定的装卸搬运能力，第三方物流服务提供商应该提供更加专业化的装载、卸载、提升、运送、码垛等装卸搬运机械，以提高装卸搬运作业效率，降低订货周期，减少物流作业对商品造成的损坏。

3）包装功能。物流的包装作业目的不是要改变商品的销售包装，而在于通过对销售包装进行组合、拼配、加固，形成适于物流配送的组合包装单元。

4）流通加工功能。主要目的是方便生产或销售，专业化的物流中心常常与固定的制造商或分销商进行长期合作，为制造商或分销商完成一定的加工作业，比如贴标签、制作并粘贴条形码等。

5）物流信息处理功能。由于现代物流系统的运作已经离不开计算机，因此将各个物流环节各种物流作业的信息进行实时采集、分析、传递，并向货主提供各种作业明细信息及咨询信息，这是相当重要的。

2. 增值性物流服务

上述系统功能是普通商务活动中典型的物流作业，电子商务的物流也应该具备这些功能，但除了传统的物流服务外，电子商务还需要增值性的物流服务。增值性的物流服务包括以下几层含义和内容。

1）增加便利性的服务。一切能够简化手续、简化操作的服务都是增值性服务。在提供电子商务的物流服务时，推行一条龙的上门服务、完备的操作或作业提示、免培训、免维护、省力化设计或安装、代办业务、一张面孔接待客户、24 小时营业、自动订货、传递信息和转账、物流全过程追踪等项目都是对电子商务销售有用的增值性服务。

2）加快反应速度的服务。快速反应已经成为物流发展的动力之一。传统观点和做法将加快反应速度变成单纯对快速运输的一种要求，但在需求方对速度的要求越来越高的情况下，它也变成了一种约束，因此必须想其他的办法来提高速度。未来具有重大推广价值的增值性物流服务方案，应该是优化电子商务系统的配送中心、物流中心网络，重新设计适合电子商务的流通渠道，以此来减少物流环节、简化物流过程，提高物流系统的快速反应能力。

3）降低成本的服务。电子商务发展的前期，物流成本将会居高不下，有些企业可能会因为根本承受不了这种高成本而退出电子商务领域，或者是选择性地将电子商务的物流服务外包出去，这是很自然的事情，因此发展电子商务，一开始就应该寻找能够降低物流成本的物流方案。

4）延伸服务。向上可以延伸到市场调查与预测、采购及订单处理；向下可以延伸到配送、物流咨询、物流方案的选择与规划、库存控制决策建议、贷款回收与结算、教育与培训、物流系统设计与规划方案的制作等。这些延伸服务最具有增值性，但也是最难提供的服务，能否提供此类增值服务现在已成为衡量一个物流企业是否真正具有竞争力的标准。

> **做一做**：利用身边的资源，尝试一下电子商务物流客户服务的工作过程。

知识链接

电子商务物流服务的内容

目前，电子商务物流服务的内容具体可以分为供应链客户服务、物流配送客户服务和物流信息处理。

1. 电子商务下供应链客户服务

供应链是围绕核心企业，通过对信息流、物流和资金流的控制，从采购原材料开始，制成中间产品以及最终产品，最后由销售网络把产品送到消费者手中的将供应商、制造商、分销商、零售商和最终用户连成一个整体的功能网链结构模式。

供应链拥有网链结构，涉及商品流动全过程的各参与方。供应链主要具有以下特征。

1）复杂性。供应链节点企业组成的跨度不同，供应链往往由多个、多类型甚至多国企业构成，所以供应链结构模式很复杂。

2）动态性。供应链管理因企业战略和适应市场需求变化的需要，其中节点企业需要动态地更新。面向用户需求供应链的形成、存在、重构，都是基于一定的市场需求而发生的，并且在供应链的运作过程中，用户的需求拉动是供应链中信息流、产品、资金流运作的动力源泉。

3）交叉性。节点企业可以是这个供应链的成员，同时又是另一个供应链的成员，众多的供应链形成交叉结构，增加了协调管理的难度。

供应链客户服务管理的评价是通过对供应链的性能评价进行的。电子商务下供应链客户服务性能评价的关键指标有速度、柔性、质量、成本、服务。

速度：指原材料、零部件、最终产品、各种信息流经过供应链的快慢程度。它反映了供应链的运作效率。

柔性：指针对新的市场需求或需求变化的及时的应对能力。要求电子商务的相关交易亦应有敏捷的反应。

质量：指设计、出售、生产、支付产品、售后服务和传递信息的优良程度。

成本：在考虑电子商务诸多优点的同时，电子商务产生的相应的交易费用更应权衡。

服务：指包括在规定的交货期内的产品交付率，未及时交付时的处理方式，售后服务态度等用户服务质量。同样，交货期内的交付率可由电子商务运作节省传统的环节、节省时间和空间上的消耗。

2. 电子商务下物流配送客户服务

配送基本上包括了所有的物流功能要素，是在小范围内全部物流活动的体现。一般来说，配送集装卸、包装、仓储和运输于一身，通过这一系列活动完成将物品送达客户的目的。特殊的配送还要以加工活动为支撑，包含面更广。

配送可降低整个社会物资的库存水平。发展配送，实施集中库存，规模经济效益显现，能明显降低库存成本。实施高水平的定时配送，生产企业可依靠配送中心的准时配送或及时配送，压缩库存，甚至实现零库存，节约储备基金，降低生产储备。

配送的合理化问题是配送效率提高要解决的核心问题。小批量、多批次、高频率已经成为现在配送要解决的现实问题。显然，在电子商务环境下，建立信息处理系统，EDI 的标准化、兼容性高的操作程序，并有对实时信息的敏感反应和快速处理能力等的措施都会使配送日趋合理。

3. 电子商务下物流信息处理

在物流服务过程中，伴随着物流服务的进行，产生大量的、反映物流服务过程的关于输入、输出物流的结构、流向和流量、库存容量、物流费用、市场动态等数据，并不断传输和反馈，形成信息流。利用计算机进行物流服务数据的搜集、传送、存储、处理和分析，提出迅速、正确和完备的物流服务信息，有利于及时了解和掌握物流服务流程，与客户进行沟通，以正确决策和协调各业务环节，有效地计划和组织物资的实物流通。

8.3.2 电子商务物流客户服务的主要功能

技术的每一次革新，都意味着服务的升级和完善。目前，实施电子商务的企业在 Web 上提供的客户服务可以有多种形式，主要功能包括以下几种。

1）互动沟通功能。为留住老客户和吸引新的消费者，企业在建立 Web 站点时应充分考虑回答客户询问的需要，让客户方便快捷地获得所要的信息。为使之更有效，可以使用智能代理。

2）选择比较功能。电子商务实施中的一个主要问题是帮助客户找到自己想要的服务。客户一旦发现了所需要的服务信息，则通常希望能比较一下价格。所以电子商务时代客户服务的一项重要工作是为客户提供搜索引擎以满足这种要求。

3）技术支撑功能。售后的服务工作对于提高客户的满意度来说，是一个不可忽视的重要内容。为此许多企业在自己的网站上为客户提供了服务支持信息，而这些技术信息在其他地方寻找是很困难的。因此，这种售后服务必须具有便捷、灵活、低廉、直接等特点。

4）信息反馈功能。客户可以在网上查看自己的账户余额，并可以随时随地检查自己的商品运输状态。

5）个性定制功能。直接在线定制，使得企业的客户服务又向前迈进了一大步。

> **练一练：**举例说明电子商务物流客户服务的主要功能。

8.3.3 支持网络客户服务的工具

对物流企业来说，为了提高客户服务的水平，可以运用很多与 Web 有关的创新工具来支持客户服务。

1）建立个人网页。许多企业的 Web 站点都允许客户建立自己的个人网页。这些页面可以用来记录客户的购买信息和喜好，利用个人页面企业还可将服务的信息及反馈卡等传送给客户。

2）建立客户数据库。通过建立客户数据库，企业可以记录下客户的购买信息、出现的问题和客户的请求，并通过对这些信息的分析利用来更好地提高客户服务的水准。用传统的手段来收集这些信息，一般要在交易后一至三个月才能完成，而现在可以实时或接近实时地完成，还可通过即时应答来追踪和分析这些信息。交易信息保存和处理也更为方便，可以根据产品、客户等不同的准则进行归类，从而更好地支持企业的营销活动，支持对客户的服务。

3）常见问题回答。常见问题回答（frequently asked questions，FAQ）是最简单也是最方便的处理重复客户提问的工具，也是电子商务企业经常使用的一种客户服务工具。利用 FAQ，客户可以自己在 Web 上获得常见问题的回答，从而使得企业在这方面的费用降至最低。当然，一些非标准的客户提问则还是需要其他工具，如 E-mail 的帮助。

4）聊天室。聊天室可以提供客户服务支撑，吸引新客户和提高客户忠诚度。

5）电子邮件与自动应答。在客户服务中最流行的工具应首推电子邮件。由于价格低廉且非常快速，所以企业常利用电子邮件来传递信息，如各种确认信息、产品信息、对问题的回答（绝大部分是客户查询）等。但电子邮件的发送简单也导致其有泛滥成灾的趋势，有些企业一周甚至一天就可能会收到成千上万封电子邮件，人工来答复这些电子邮件既费时又费力，而且还无法满足客户希望快速得到回音的要求，因为许多企业都许诺 24 小时内给客户答复。所以现存许多企业都采用自动电子邮件应答系统，该系统会自动检查日常接收到的邮件并做翻译，利用智能代理自动地应答客户的查询。

6）帮助桌面和呼叫中心。帮助桌面是客户服务的最重要工具之一，客户可以通过电话、传真或 E-mail 与公司通信，由于最初的通信是通过电话进行的，所以远程帮助桌面往往被称为呼叫中心。

除了利用上述工具和方法外，为提高客户服务水平，电子商务企业还应充分注重人的作用，即培养和造就一批训练有素的客户服务代表，使他们能熟练地运用信息技术存取客户的购买信息、喜好等数据，并与呼叫中心代理保持联系。通过这种方法，公司可以维持一定的人员与在线客户接触，了解客户的要求，倾听客户的反馈，增强企业与客户的联系。

8.3.4　电子商务客户服务的原则

做一做：尽自己的最大努力，熟悉支持网络客户服务的常用工具。

电子商务环境下，物流企业应遵循如下原则。

（1）用最便捷的方式处理客户请求

假设拨打信用卡 800 客户服务电话，在操作员接通之前，客户已经输入 16 位信用卡账号，而当接通到客户服务代表时，他的头一个问题便是："请问您的 16 位信用卡账号？"显然，这种操作不能使客户满意。

另外，不要试图投机取巧，任何的服务都要给予客户必要而详细的说明。比如，把购物有奖等信息贴在网站醒目的位置上，而把相关条件或者提供奖励的延长期限写在不容易被客户注意到的角落里。一旦这些行为被客户识破了，那么损失很可能是非常惨重的。不但会失去现有的客户，并且由于这些流失的客户群的影响，也使公司与拓展新的客户群的机会失之交臂。

（2）帮助客户相互学习

在美国专门做工业配件服务的 Grainger 网站（www.grainger.com）在帮助客户相互学习方面就做得很好。Grainger 的业务其实是很繁杂、琐碎的，它每年大约销售 60 亿美元的工业配件给许多公司的后台运营部门，这些部门主要是做维护、维修和操作等工作的，简称 MRO（maintenance repair operation）。但是 Grainger 公司业务做得很出色，它从自己的在线服务部 "findMRO.com" 中学到了很多实际经验，"findMRO.com" 在线服务部可以快速地帮助客户找到所有的配件，从不起眼的水泥钉到尘封已久的某个牌子的电动机配件，几乎应有尽有。Grainger 系统的核心就是 30 年来从客户服务中不断积累的不计其数的问题、解决方法和操作经验。由于每位新客户都能从中受益，所以许多公司非常愿意在 Grainger 购买配件，而每位客户为 Grainger 带来的销售额平均约为 1500 美元，几乎是 Grainger 其他零售部门销售额的 10 倍。亚马逊网站的情况也很类似，他们通过比较上百万人的购买记录，寻找类似的记录来推荐一些产品。

（3）为客户创造更便捷的购买环境

绝大多数公司都设法让他们的客户能够很方便地比较价格，却很少有公司告诉他们的客户，随便你想购买任何产品，都能够随时随地很轻易地购买到，这一点导致他们丧失了很多机会。Alliant 公司（www.alliantexchange.com）每年要销售 60 亿美元的食品，他们发现自从在 "易用"（easy-to-use）网站上提供订单服务后，客户购买力上升了 20%。于是 Alliant 公司在食品销售行业里开辟了在线订购的先河，他们的网上预订服务做得比较全面，包括产品目录、预订或立即订购产品以及购买数量等。竞争对手们通过计账或其他订单确认方式才仅仅挽回了一点客户。Alliant 公司的管理层认为预订和购买的便利是公司订单数额增长的根本原因。近年来，无论是国外或者国内的一些大型的商务网站也越来越完善了这方面的环境。

合理运用这三条原则，企业的客户忠诚度就能提高，每个客户购买量加大了，利润也就提高了。

随着全球化市场竞争的日益加剧，几乎所有行业的市场都已成了买方市场，在这样的环境下，只有那些能够正确分析客户需求，能以最快的速度响应市场变化的企业才能获得发展。所以说，企业开展电子商务，其最重要的目的就是要利用 Internet 技术最大限度地满足客户需求，以最快的速度来响应客户的需求，从而为客户提供最适当的服务。只有这样，企业才能在最大范围内抓住客户，才能提高客户的忠诚度。总而言之，电子商务时代的客户服务是电子与服务的完美组合，一方面，通过电子手段完善和提高服务质量；另一方面，又尽可能地赋予技术以人文精神和心理关怀。

练一练： 与自己周边的同学聊一聊电子商务物流客服成功与失败的例子。

小　结

电子商务的出现给传统的商业模式带来了很大的冲击，电子商务把商业和其他业务活动所受的时空限制大大弱化了，从而降低了企业经营成本和国民经济运行成本。本单元首先介绍了电子商务的概念，然后阐述了电子商务与物流的密切关系，最后归结到电子商务物流客户服务的相关问题。

练 习 题

一、名词解释

电子商务

二、填空

1. 电子商务的应用特征有_____、_____、_____、_____、_____、_____。

2. 网络客户服务支持工具有_____、_____、_____、_____、_____、_____。

3. 电子商务环境下，物流企业应遵循如下原则：_____、_____与_____。

三、问答

1. 电子商务的功能有哪些？
2. 电子商务对物流的影响有哪些？

3. 物流对电子商务有哪些重要的作用？

4. 电子商务物流客户服务的主要功能有哪些？

四、课堂实训

目的：掌握电子商务物流客户服务的能力。

任务：以小组为单位，用电子商务为客户进行物流客户服务。

五、课外实践

目的：树立正确的客户服务观念，培养良好的客户服务情感，掌握快捷的客户服务技巧。

任务：参观物流企业，观察学习物流客户服务人员进行电子商务客户服务的工作过程，并进行尝试。

拓展阅读：UPS 在中国

参 考 文 献

李光明，李伟其，2014. 客户管理实务[M]. 2版. 北京：清华大学出版社.

李先国，曹献存，2011. 客户服务实务[M]. 2版. 北京：清华大学出版社.

李雅芬，郑磊，2005. 物流客户服务业务管理模板与岗位操作流程[M]. 北京：中国经济出版社.

梁晨，2004. 如何进行物流服务管理[M]. 北京：北京大学出版社.

马靖莲，2010. 物流客户服务与管理[M]. 上海：上海财经大学出版社.

徐章一，2002. 顾客服务：供应链一体化的营销管理[M]. 北京：中国物资出版社.

杨穗萍，2010. 物流客户服务[M]. 2版. 北京：机械工业出版社.

张庆英，2018. 物流案例分析与实践[M]. 3版. 北京：电子工业出版社.

赵一萍，2006. 物流客户服务[M]. 北京：中国物资出版社.

郑彬，2010. 物流客户服务[M]. 2版. 北京：高等教育出版社.